HOMMIKUSÖÖGI KAERAKAUSSI RETSEDIRAAMAT

100 suussulavat kaerahelberetsepti hommiku-, lõuna- ja õhtusöögiks koos näpunäidete ja tehnikatega, kuidas kaerahelbemängu täiustada ja sellest supertoidu koostisosast tervislikuma elustiili nimel maksimumi võtta. Ideaalne vegan-, gluteeni- ja piimavaba dieedi jaoks

Triin Liiv

Autoriõigus materjal ©202 4

Kõik õigused kaitstud

Ühtegi selle raamatu osa ei tohi mingil kujul ega vahenditega kasutada ega edastada ilma kirjastaja ja autoriõiguste omaniku nõuetekohase kirjaliku nõusolekuta, välja arvatud ülevaates kasutatud lühikesed tsitaadid . Seda raamatut ei tohiks pidada meditsiiniliste, juriidiliste või muude professionaalsete nõuannete asendajaks.

SISUKORD

SISUKORD 3
SISSEJUHATUS 7
KAERAHELBE HOMMIKUSÖÖK 8

1. Safrani kaerahelbed 9
2. Pumpkin Spice Kaerahelbed 11
3. Kaneelijäätis Kaerahelbed 13
4. Cinnamon Granola kaerahelbed 15
5. Soolane Masala kaerahelbed 17
6. Mehhiko kaerahelbekauss 20
7. Apelsinimarmelaadi kaerahelbed 22
8. Granaatõuna kaerahelbed 24
9. Goji marjad idandatud kaerahelbed 26
10. Ananassi kookose kaerahelbed 28
11. Mikrolaineahjus ananassi ja marja kaerahelbed 30
12. Külm kaer magustamata kookosjogurtiga 32
13. Maasika-kreemjas kaerahelbed 34
14. Õunarosinakompott kaerahelbega 36
15. Õunakaerahelbed 39
16. Cran-Apple Kaerahelbed 41
17. Õunapirukas kaerahelbed 43
18. Mustika vanilje öökaer 45
19. Aprikoosikaera hommikusöök 47
20. Puuvilja ja mee granola 49
21. Maasika-kookose-chia puding 51
22. Aeglaselt keedetud kaer söödavate õitega 53
23. Apelsiniõie, pistaatsia ja datli kaerahelbed 55
24. Butterfly Herne Flowers Overnight Oats 57
25. Jasmiini kaerahelbed granola 59

26. Lavendel Cherry Overnight Oats 61
27. Marshmallow Fluffernutter kaerahelbed 63
28. Maapähklivõi Nutella kaerahelbed 65
29. Maapähklivõi kaerahelbed 67
30. Mandlivõi banaanikaer 69
31. Maple Pecan Granola 71
32. Lina- ja chiaseemnete kaerahelbed 73
33. Vahtra kanepiseemne kaerahelbed 75
34. Kaerahelbed, psüllium ja chia puding 77
35. Päevalille-banaani kaerahelbed 79
36. Kõrvitsaseemned öökaer 81
37. Sidruni mooniseemne kaerahelbed 83
38. Seesami-kaerahelbed datlitega 85
39. Punane sametine kaerahelbed 87
40. Kakao-kaerahelbed 89
41. Kirsi ja tumeda šokolaadi kaerahelbed 91
42. Makadaamia ja valge šokolaadi kaerahelbed 93
43. Oreo ja koorega kaerahelbed 95
44. Maapähklivõi Oreo Granola 97
45. Nori Kaerahelbed 99
46. Soolane Miso kaerahelbed 101
47. Kuivatatud merevetikad ja munakaerahelbed 103
48. Makrobiootiline kaerahelbed 105
49. Kõrvitsa ja merevetika kaerahelbed 107
50. Pistaatsiapähklid kaerahelbed 109
51. Vahtra pekanipähkli kaerahelbed 111
52. Brasiilia pähkel öökaer 113
53. Sarapuupähkli kaerahelbed 115
54. Banaan Macadamia Nut Overnight Oats 117

55. Datli ja männipähklite üleöö kaerahelbed ... 119
56. Kõrvitsa pekanipähkli kaerahelbed ... 121

KAERAPUHRU SUUNIK JA MAGUSTOIT ... 123

57. Taimsed kaerahelbeburgerid ... 124
58. Õunakaerahelbeküpsised ... 126
59. Sidruni-mustika kaerahelbed muffinid ... 128
60. Aprikoosi kaerahelbed muffinid ... 130
61. Kaerahelbe-lõhepäts ... 132
62. Kaerahelbepruunid ... 134
63. Kaduvad kaerahelbe-rosinaküpsised ... 136
64. Toores marjakrõpsud ... 138
65. Keetmata tatrakurkumipuder ... 140
66. Hommikusöök Zingeri batoonid ... 142
67. Kookose kaerahelbeküpsised ... 144
68. Santa Fe Black Bean Burger ... 146
69. 7 teraline kaerahelbekook ... 148
70. Amiši kaerahelbekook ... 150
71. Kakao-kaerahelbekook ... 152
72. Kookose-pekanipähkli kaerahelbekook ... 154
73. Laisk karikakra kaerahelbekook ... 157
74. Kaerahelbekookoskook ... 160
75. Kaerahelbe-vürtsikook ... 162
76. Kaerahelbe-õunakook ... 164
77. Mustika-rabarberipirukas ... 166
78. Õunakook ... 168
79. Virsikupuru pirukas ... 170
80. Küpsetusvaba värske puuviljapirukas ... 172
81. Rabarberipirukas ... 174
82. Troopiline kookosepuding ... 176

83. Kaerahelbe-kaneelijäätis 178

84. Banaani kaerahelbepannkoogid 180

85. Õuna-kaerahelbe vahvlid 182

86. Aprikoosi kaerahelbebatoonid 184

87. Musta pähkli kaerahelbepirukas 187

88. Butterscotch kaeraküpsised 189

89. Elegantne kaerahelbekreem 191

90. Kaerahelbekrõpsud 193

91. Mee-kaerahelbe nätsikud 195

92. Jumbo puuviljadega kaeraküpsised 197

93. Küpsetusvaba kaerahelbebatoon 199

94. Kaerahelbepirukas 201

95. Kaerahelbed havai leib 203

96. Kaerahelbe- ja hapukirsileib 205

97. Kaerahelbe-või kreekerid 207

98. Kaerajahust burgeri kuklid 209

99. Kaerahelbed kaneelisaiad 211

100. Kaerahelbe pähklikrõpsud 213

KOKKUVÕTE 215

SISSEJUHATUS

Kaerahelbed pole mitte ainult maitsev ja mitmekülgne koostisosa, vaid ka suurepärane toitainete allikas. Kui soovid lisada oma dieeti rohkem täisteratooteid, siis HOMMIKUSÖÖGI KAERAKAUSSI RETSEDIRAAMAT on sulle ideaalne. 100 lihtsa ja loomingulise kaerahelberetseptiga ei hakka teil selle supertoiduga kunagi igav.

Magusast soolaseni – igaks päeva toidukorraks on kaerahelberetsept. Proovige hommikusöögiks klassikalist kaneeli-õuna-kaerahelbeid või segage see lõunasöögiks soolase seenekaerahelbega. Ja õhtusöögiks avaldab kindlasti muljet lõhe ja kaera risoto.

Lisaks traditsioonilistele kaerahelbe retseptidele on kokaraamatus kaerahelbedest valmistatud smuutide, granolabatoonide ja isegi kaerahelbeküpsiste retsepte. Retseptid on kõigi toitumiseelistuste jaoks, olenemata sellest, kas olete vegan, gluteenivaba või piimavaba.

Iga retseptiga on kaasas lihtsalt järgitavad juhised ja kaunid fotod, mis juhendavad teid protsessi käigus. Samuti leiate kasulikke näpunäiteid koostisosade asendamise ja säilitamise kohta, et saaksite oma kaerahelbeloomingut nautida veel päevi.

Nii et olenemata sellest, kas olete terviseteadlik toidusõber või soovite lihtsalt oma eineid mitmekesisemaks muuta, pakub HOMMIKUSÖÖGI KAERAKAUSSI RETSEDIRAAMAT igaühele midagi. Olge valmis avastama maitsvat kaerahelbemaailma.

KAERAPUHU HOMMIKUSÖÖK

1. [Safrani kaerahelbed](#)

Valmistab: 2 portsjonit

KOOSTISOSAD ::
- 1 spl safrani niidid, jagatud
- 2 spl kuuma vett
- 2 tassi valtsitud kaerahelbeid, vajadusel gluteenivaba
- 1 tass + 1 spl magustamata mandlipiima, jagatud
- 1 tass vett
- ½ tl muskaatpähklit
- ½ tl kardemoni pulbrit
- Vahtra siirup
- 2 tl viilutatud mandleid

JUHISED:
a) Sega kausis või tassis safranilõngad kuuma veega ja lase tõmmata. Reserv 1 supilusikatäis.
b) Sega kausis valtsitud kaer, 1 tass mandlipiima, vesi, muskaatpähkel, kardemonipulber ja safranivesi. Soovi korral lisa vahtrasiirup.
c) Mikrolaineahjus 2-3 minutit.
d) Kombineerige lusikaga ja lisage ülejäänud safrani niidid, reserveeritud safranivesi, ülejäänud mandlipiim ja viilutatud mandlid.

2. Pumpkin Spice Kaerahelbed

Valmistab: 4 portsjonit

KOOSTISOSAD :: _
- ½ tassi kiirkaera
- ¼ tl kaneeli või kõrvitsapiruka vürtsi
- ¾ tassi rasvavaba või madala rasvasisaldusega piima
- 1 spl pruuni suhkrut või vahtrasiirupit
- 4 supilusikatäit püreestatud konserveeritud kõrvitsat
- 2 supilusikatäit rosinaid või jõhvikaid
- ½ banaani, viilutatud
- ½ õuna, tükeldatud

JUHISED:
a) Pliit: sega väikeses potis keskmisel kuumusel kaer, piim, suhkur/vahtrasiirup, püreestatud kõrvits ja kaneel.
b) Segage pidevalt, kuni segu muutub paksuks ja kreemjaks. Soovi korral lisa magustamiseks lisandeid.
c) Mikrolaineahi: segage mikrolaineahjus kasutatavas kausis kaer, piim, suhkur/vahtrasiirup, püreestatud kõrvits ja kaneel.
d) Küpseta kõrgel temperatuuril 1-2 minutit, pooleldi segades. Soovi korral lisa magustamiseks lisandeid.

3. C- neelijäätis Kaerahelbed

Teeb: umbes 1 liitrit

KOOSTISOSAD :: _
- Tühi jäätisepõhi
- 1 tass kaera
- 1 spl jahvatatud kaneeli

JUHISED:
a) Valmistage toorik alus vastavalt juhistele.
b) Sega keskmisel kuumusel väikeses pannil kaer ja kaneel.
c) Röstige regulaarselt segades 10 minutit või kuni pruunistumiseni ja aromaatseks.
d) Tõmmamiseks lisage põhjale röstitud kaneel ja kaer, kui need pliidilt tulevad, ja laske umbes 30 minutit tõmmata .
e) Kasutades kausi kohale seatud võrgusõela; kurna kuivained, suru läbi, et saada võimalikult palju maitsestatud koort.
f) Hoidke segu külmkapis üleöö. Kui olete jäätise valmistamiseks valmis, segage see uuesti sukelmikseris ühtlaseks ja kreemjaks.
g) Vala jäätisemasinasse ja külmuta vastavalt tootja juhistele. Hoida õhukindlas anumas ja külmutada üleöö.

4. Cinnamon Granola kaerahelbed

Valmistab: 4-6 portsjonit

KOOSTISOSAD :: _
- 2 tassi vett
- 1¾ tassi vanaaegset kaera
- 1 tl jahvatatud kaneeli
- 1⁄4 tl soola
- ¾ tassi granolat

JUHISED:
a) Lase vesi suures kastrulis kõrgel kuumusel keema. Alanda kuumust madalale, sega hulka kaer, kaneel ja sool. Hauta 5 minutit, aeg-ajalt segades.
b) Tõsta tulelt ja sega hulka granola.
c) Katke ja laske enne serveerimist umbes 3 minutit seista.

5. Soolane Masala kaerahelbed

Valmistab: 4

KOOSTISOSAD:
- 1 supilusikatäis Ghee või Oil kasuta õli vegan
- 1 tl köömneid
- 1 roheline tšillipipar kuubikuteks, valikuline
- 1 tass kuubikuteks hakitud sibulat
- 1 tl riivitud ingverit
- 1 tl hakitud küüslauk
- ½ tassi hakitud tomatit
- 1,5 tassi Terasest tükeldatud kaer
- 3,5 tassi vett
- 2 tassi segaköögivilju Porgand, rohelised oad, herned, mais, edmame, külmutatud või värske
- 1 spl laimimahla
- Kaunistuseks koriandrilehed

Vürtsid
- ½ tl jahvatatud kurkumit
- ½ tl Kashmiri punase tšilli pulbrit või paprikat, kohanda maitse järgi
- ½ tl Garam Masala
- 1 tl Soola kohandada maitse järgi

JUHISED
a) Käivitage kiirpott hautamisrežiimil ja soojendage seda. Lisa ghee/õli, seejärel köömneid ja lase neil särisema.
b) Nüüd lisa roheline tšilli, sibul, ingver ja küüslauk. Prae 2-3 minutit, kuni sibul on läbipaistev.
c) sibul, ingver ja vürtsid kiirpotis
d) Lisa tomat ja maitseained. Sega hästi.
e) Sibul, tomat ja vürtsid kiirpotis
f) Lisa segatud köögiviljad, kaer ja vesi. Sega hästi. Kui midagi on poti põhja külge kinni jäänud, eemaldage see glasuurist. Vajutage nuppu Tühista ja sulgege kaas koos õhutusavaga tihendusasendis.
g) valmis masala kaera keetmiseks kiirpotis.

h) kiirpoti seadistus surveküpsetusrežiimile 8 minutiks kõrgel rõhul.
i) Kui kiirpott piiksub, laske rõhul 10 minutit loomulikult vabaneda, seejärel vabastage rõhk käsitsi.
j) Ava kaas ja lisa laimimahl . Sega hästi.
k) Kiirpotis küpsetatud karri Masala kaerahelbed, mis on kaunistatud koriandriga
l) Kaunista koriandri lehtedega ja naudi koos jogurtiga.

6. Mehhiko kaerahelbekauss

Valmistab: 1 portsjonit

KOOSTISOSAD:
- 1 tl Õli
- 2 hakitud küüslauguküünt
- ¾ tassi Kiiresti küpsetatud kaer
- ½ tl Taco maitseainet
- ¼ teelusikatäit paprikapulbrit
- ½ tl laimimahla
- 2 tassi vett
- Soola maitse järgi

TÄIDISED:
- Maisi salsa
- Riivitud Cheddar
- Avokaado
- Jalapeno

JUHISED

a) Kuumuta potis õli ja lisa küüslauk. Küpseta 15-30 sekundit või kuni lõhnab.
b) Lisa kaer, taco maitseaine, paprikapulber, laimimahl, vesi ja sool. Sega hästi ja lase kõik keema. Hauta paar minutit, kuni kaer on küpsenud ja segu paksenenud. Selleks peaks kuluma 3-4 minutit. Lisage veidi rohkem vett, et saavutada soovitud konsistents.
c) Kõige peale pane mais, salsa, riivitud cheddar, avokaado ja jalapeno. Serveeri kuumalt.

7. Apelsini marmelaadi kaerahelbed

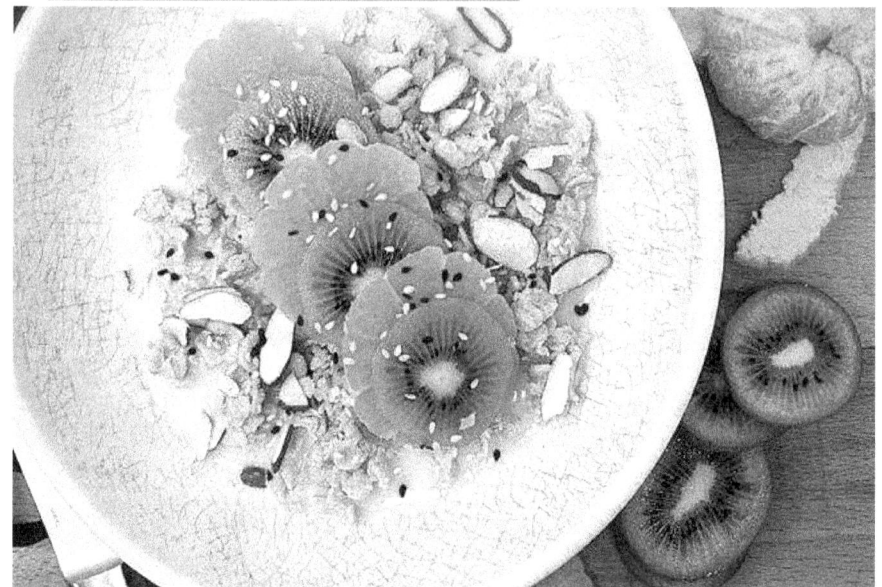

Valmistab: 4

KOOSTISOSAD :: _
- 2 tassi vanaaegset kaera
- 2¼ tassi vett
- 2¼ tassi piima
- ½ tl soola
- ½ tl jahvatatud kaneeli
- ¼ tassi suhkrut
- 2 supilusikatäit tavalist madala rasvasisaldusega kreeka jogurtit
- 2 spl apelsinimarmelaadi
- Apelsini ja kiivi viilud

JUHISED:
a) Lisa kõik koostisosad peale kaunistuse kiirpotti.
b) Kinnitage pliidi kaas ja vajutage funktsiooniklahvi "Käsitsi".
c) Seadke aeg 6 minutiks ja küpseta kõrgel rõhul.
d) Pärast piiksu vabastage rõhk loomulikult ja eemaldage kaas.
e) Sega valmis kaerahelbed ja serveeri kausis.
f) Kaunista pealt apelsini- ja kiiviviiludega.

8. Granaatõuna kaerahelbed

Valmistab: 2

KOOSTISOSAD ::
- 1 tass tavalist kaera
- 2 tassi mandlipiima
- ¼ tl vaniljeekstrakti
- 6 spl granaatõunaseemneid
- ¼ tl jahvatatud kaneeli
- Nirista vahtrasiirup

JUHISED:
a) Kuumuta mandlipiim madalal keemiseni.
b) Lisage kaer, segage ja vähendage kuumust madala-keskmise temperatuurini.
c) Küpseta 5–10 minutit.
d) Sega juurde vanill ja kaneel.
e) Serveeri 2 kausis.
f) Tõsta peale granaatõunaarielid ja tilk vahtrasiirupit.

9. Goji marjad idandatud kaerahelbed

Valmistab: 4 portsjonit

KOOSTISOSAD ::
- 2 tassi täiskaera tangu, leotatud üleöö 4 tassi vees ja loputatud
- ½ tassi kivideta datleid, 1 tassi viilutatud banaani või ¼ tassi agaavisiirupit
- 2 spl filtreeritud vett, vastavalt vajadusele
- 1½ supilusikatäit teie lemmikmaitseainet
- ½ tassi goji marju

JUHISED:
a) Pane kaer ja datlid koos veega köögikombaini ning töötle keedetud kaerahelbega sarnaseks kreemjaks tekstuuriks.
b) lisage valikulisi maitseaineid ning puuvilju ja pähkleid.
c) Pulseerige hästi segamiseks.

10. Ananassi kookose kaerahelbed

KOOSTISOSAD :: _
- 1 tass konserveeritud heledat kookospiima, hästi loksutatud
- ½ tassi külmutatud ananassi tükke
- ½ tassi kiiresti küpsevat kaera
- 1 spl hakitud magustamata kookospähklit
- 2 tl vahtrasiirupit
- ⅛ teelusikatäis koššersoola
- 1 spl peeneks hakitud india pähkleid

JUHISED:
a) Sega kausis kokku kookospiim, ananass, kaer, kookospähkel, siirup ja sool.
b) Valage 16 untsi kruusi.
c) Kata kaanega ja küpseta mikrolaineahjus kuni kreemjaks, umbes 3½ minutit.
d) Puista peale pähklid.

11. Mikrolaineahjus ananassi ja marja kaerahelbed

Valmistab: 2 portsjonit

KOOSTISOSAD:
- 1 tass taimset piima
- ½ tassi külmutatud ananassi tükke
- ½ tassi kiiresti küpsevat kaera
- ¼ tassi marju
- 2 tl vahtrasiirupit
- ⅛ teelusikatäis koššersoola
- 1 spl peeneks hakitud india pähkleid

JUHISED
a) Segage väikeses või keskmises kausis taimne piim, ananass, kaer, marjad, siirup ja sool.
b) Vala kruusi.
c) Katke ja küpseta mikrolaineahjus, kuni see on kreemjas, umbes 3½ minutit.
d) Puista pähklitega, kui kasutad.

12. Külm kaer magustamata kookosjogurtiga

Valmistab: 2

KOOSTISOSAD :: _
- Orgaaniline kaer
- Peotäis kuivatatud jõhvikaid
- 1 banaan
- 1 lusikatäis magustamata kookosjogurtit
- Peotäis mandleid
- Peotäis kreeka pähkleid
- Taimne maitse järgi

JUHISED:
a) Sega kõik koostisosad kausis ja serveeri oma lemmik taimse piimaga.
b) Nautige.

13. Maasikas Kreemjas Kaerahelbed

Valmistab: 1

KOOSTISOSAD :: _
- ½ tassi vett
- ¼ tassi madala rasvasisaldusega piima
- ½ tassi vanamoodsat kiirküpsetavat valtsitud kaera
- ½ tassi viilutatud maasikaid
- ¼ tassi rasvavaba kreeka jogurtit
- 1 spl mett

JUHISED:
a) Segage keskmisel kuumusel seatud väikeses kastrulis vesi, piim ja kaer. Kuumuta segu aeg-ajalt segades keemiseni.
b) Kui segu keeb, alandage kuumust ja hautage aeg-ajalt segades 3–5 minutit, kuni kaer on pehme.
c) Eemaldage tulelt, katke ja laske 3–5 minutit seista.
d) Tõsta lusikaga kaerahelbed serveerimisnõusse. Sega hulka maasikad, jogurt ja mesi ning serveeri kohe.

14. Õunarosinakompott kaerahelbepudruga

Valmistab: 4-6 portsjonit

KOOSTISOSAD :: _
KOMPOTI JAOKS
- 1 hapukas õun, näiteks Granny Smith
- 1 magus õun, näiteks Golden Delicious
- 3 supilusikatäit kuldseid rosinaid
- 1/2 tassi apelsinimahla
- 2 tl värskelt pressitud sidrunimahla
- 2 spl pruuni suhkrut
- 2 spl vahtrasiirupit
- 1/2 tl jahvatatud kaneeli
- 1/2 tl gluteenivaba vaniljeekstrakti
- 1/2 tl värsket sidrunikoort

KAERAPUHU JAOKS
- Või, määrimiseks
- 3 tassi vett
- 2 tassi piima või piimavaba piima teie valikul
- 2 tassi terasest tükeldatud kaera
- Näputäis košer- või peent meresoola

JUHISED:
KOMPOTT

a) Koori õunad ja eemalda südamik ning lõika väikesteks tükkideks. Aseta kastrulisse. Lisa rosinad, apelsinimahl, sidrunimahl, pruun suhkur, vahtrasiirup, kaneel, vanill ja sidrunikoor. Sega segamiseks. Küpseta keskmisel kuumusel aeg-ajalt segades, kuni õunad on kahvliga pehmed ja vedelik siirupine. Tõsta kompott kaussi ja tõsta kõrvale.

KAERAHELBED

b) Määrige sisemise poti põhja ja alumised küljed kergelt võiga, et vältida kleepumist. Lisage vesi, piim, kaer ja sool, kuid ärge segage. Sulgege ja lukustage kaas, veendudes, et auruvabastuskäepide on tihendusasendis. Küpseta kõrgel rõhul 9 minutit. Kui see on lõppenud, vabastage rõhk loomulikult, mis võtab aega umbes 15 minutit. Pöörake auruvabastuskäepide õhutusasendisse, vabastades kogu järelejäänud auru. Avage kaas ja avage see ettevaatlikult.

c) Kühveldage kaerahelbed kaussidesse ja valage peale supilusikatäis või kaks puuviljakompotti. Serveeri kohe.

15. Õuna kaerahelbed

Valmistab: 1

KOOSTISOSAD :: _
- 1 riivitud õun
- 1/2 tassi kaera
- 1 tass vett
- Natuke kaneeli
- 2 tl toores mett

JUHISED:
a) Keeda kaera veega 3-5 minutit.
b) Lisa riivitud õun ja kaneel. Sega juurde toores mesi.

16. Cran - Apple Kaerahelbed

Valmistab: 4-6 portsjonit

KOOSTISOSAD :: _
- 2 tassi vett
- 2 tassi õunamahla
- 2 tassi vanaaegset kaera
- 1 spl helepruuni suhkrut
- 1 tl jahvatatud kaneeli
- ¼ tl soola _
- 1 Fuji või Gala õun, kooritud, puhastatud südamikust ja tükeldatud
- ¼ tassi magustatud kuivatatud jõhvikaid

JUHISED:
a) Sega suures kastrulis vesi ja õunamahl ning kuumuta kõrgel kuumusel keema.
b) Alanda kuumust madalale, sega hulka kaer, suhkur, kaneel ja sool.
c) Hauta 5 minutit, aeg-ajalt segades.
d) Tõsta tulelt ning sega hulka õun ja jõhvikad.
e) Katke ja laske enne serveerimist umbes 3 minutit seista.

17. [Õunapirukas Kaerahelbed](#)

Valmistab: 1

KOOSTISOSAD :: _
- 1/2 tassi valtsitud vanaaegset kaera
- 1/2 tassi piima
- 1/2 tassi vett
- 1 näputäis soola
- 2/3 tassi kooritud ja peeneks hakitud mee-krõbedat õuna
- 1/4 tl jahvatatud kaneeli
- 1 tl pakitud pruuni suhkrut või vahtrasiirupit või maitse järgi
- 1/8 tl vaniljeekstrakti
- 1/2 supilusikatäit võid
- 1 spl kuivatatud jõhvikaid ja/või hakitud kreeka pähkleid

JUHISED:
a) Lisa õunad ja vesi keskmisesse mikrolaineahjukindlasse kaussi.
b) Kuumutage mikrolaineahjus 2 minutit.
c) Seejärel segage kaer, piim, sool ja kaneel ning kuumutage 2 minutit kauem.
d) Sega juurde pruun suhkur, vanill ja või.
e) Laske mitu minutit jahtuda. Soovi korral tõsta peale jõhvikaid või kreeka pähkleid.

18. Mustika vanilje öökaer

Valmistab: 1

KOOSTISOSAD :: _
- 1/2 tassi kaera
- 1/3 tassi vett
- 1/4 tassi madala rasvasisaldusega jogurtit
- tl jahvatatud vaniljekauna
- 1 spl linaseemnejahu
- Näputäis soola
- Katteks mustikad, mandlid, murakad, toormesi

JUHISED:
a) Lisa koostisosad, välja arvatud lisandid, kaussi õhtul. Hoia üleöö külmkapis.
b) Hommikul segage segu. See peaks olema paks.
c) Lisa omal valikul lisandid.

19. Aprikoosi kaera hommikusöök

Mark: 4 kuni 6

KOOSTISOSAD :: _
- 2 tassi kaua küpsevat kaera, kuumtöötlemata
- 1/3 tassi viilutatud mandleid
- 3/4 tassi kuivatatud aprikoose, tükeldatud
- 1/4 teelusikatäit soola
- 11/2 tassi apelsinimahla
- 1 tass vett
- 1/4 tassi mett
- Kaunistuseks: hakitud aprikoosid, viilutatud mandlid
- Valikuline: piim

JUHISED:
a) Kombineerige suures kausis kaer, pähklid, kuivatatud aprikoosid ja sool; kõrvale panema.
b) Klopi kokku apelsinimahl, vesi ja mesi; lisa kaera segule.
c) Külmkapis, kaanega, 8 tundi või üleöö. Serveeri külmalt, kaunistatud vastavalt soovile.

20. Puuviljade ja mee granola

Valmistab : 5 tassi

KOOSTISOSAD:
- 3 tassi kaera (kiire või vanaaegne, kuumtöötlemata) tass jämedalt hakitud pekanipähklit (valikuline)
- 1 tass mett
- 4 spl (pulk) margariini või võid, sulatatud
- 1 tl vanilli
- 1 tl jahvatatud kaneeli
- 1 tl soola (valikuline)
- 1 6 untsi pakk kuubikuteks lõigatud kuivatatud segatud puuvilju (umbes 1 tass)

JUHISED:
a) Kuumuta ahi temperatuurini 350 ° F.
b) Suures kausis ühendage kaer ja pekanipähklid; sega hästi. Laota ühtlaselt 15 x 10-tollisele tarretisrulli pannile või ääristatud küpsetusplaadile. Sega väikeses kausis mesi, margariin, vanill , kaneel ja sool; sega hästi. Vala peale kaera segu; sega hästi.
c) Küpseta 30–35 minutit või kuni kuldpruunini, segades iga 10 minuti järel. Sega juurde kuivatatud puuviljad. Jahuta täielikult. Hoida tihedalt kaetult kuni 1 nädal.

21. Maasika kookose chia puding

Portsjonid: 2

KOOSTISOSAD ::
- 1 tass maasikaid
- 1 tass aurutatud kookospiima
- 1 tass kaerapiima
- 3 spl chia seemneid
- Vahtrasiirup magustamiseks

JUHISED:
a) Segage chia seemned ja kaerapiim kaanega anumas.
b) Vahusta veel 10 minutit, seejärel kata ja jahuta üleöö või vähemalt 3-4 tundi.
c) Sega blenderis kokku aurustunud kookospiim ja maasikad ning blenderda kreemjaks.
d) Valage maasikavedelik oma serveerimisklaasis või -kausis chia pudingu peale.
e) Võimalusena võite maitse tasakaalustamiseks lisada nii palju vahtrasiirupit, kui soovite.

22. Aeglaselt keedetud kaer söödavate õitega

KOOSTISOSAD :: _
KAERA KOHTA:
- 1 tass orgaanilist valtsitud kaera
- 2 tassi mandlipiima
- 1/2 tassi vett

KATTEKS:
- 2 tl vahtrasiirupit või mett
- Purustatud söödavad lilled

JUHISED

a) Sega keskmises kastrulis kaer, mandlipiim ja vesi ning kuumuta madalal kuumusel kergelt keema.
b) Sega sageli 10-15 kuni soovitud konsistentsi ja paksuseni.
c) Serveeri ja lisa purustatud söödavad lilled vahtrasiirupi/mee nirisemisega

23. Apelsiniõie, pistaatsia ja datli kaerahelbed

Valmistab: 2 portsjonit

KOOSTISOSAD:
- 1 3/4 tassi taimset piima
- 1 tass vanaaegset valtsitud kaera
- 1 näputäis soola

TÄIDISED:
- 1/4 tassi agaavinektarit
- 1/2 tl apelsiniõie vett
- 1/4 tassi hakitud pistaatsiapähklid
- 1/4 tassi hakitud datleid
- 1 tl kaneeli

JUHISED
a) Aja taimne piim keema, seejärel lisa Old Fashioned Rolled Oats ja keeda umbes 5 minutit või kuni kaerahelbed on piima imanud ja kaer on pehme.
b) Sega näpuotsaga soola.
c) Lisa agaavinektarile apelsiniõievesi ja sega korralikult läbi.
d) Jaga keedetud kaer 2 kaussi ning jaga nende vahel pistaatsiapähklid ja datlid.
e) Nirista peale apelsiniõievesi ja agaavisegu.
f) Puista peale kaneel ja naudi!

24. Liblikas hernesõied üleöö kaer

Valmistab: 1 portsjon

ÖÖKAER
- ¼ tassi kaera
- 1 tass piimavalikut
- 1 supilusikatäis Chia seemneid
- 1 valitud valgupulber
- 3 supilusikatäit Butterfly Herne vedelikku

LIBLIKA HERNE LILLE TEE
- 1 supilusikatäis kuivatatud liblikas herneõisi
- 6 tassi kuuma vett

JUHISED
a) Esmalt valmistage liblikas herneteed.
b) Lihtsalt otsige suur kann, lisage sellele kuivatatud liblikas herneõied ja lisage kuum vesi.
c) Laske teel enne kasutamist vähemalt tund tõmmata. Soovi korral lisage sellele julgelt magusainet.
d) Haarake masonipurk või weck jar.
e) Lisage purki kõik **KOOSTISOSAD** , välja arvatud liblikas herne tee, ja segage hästi.
f) Laske sellel mõni minut settida ja niristage tee lihtsalt purki. See settib põhja, pakkudes kihilist efekti.
g) Pane purk üleöö külmkappi.
h) Lisa soovitud lisandid ja naudi!

25. Jasmiini kaerahelbed Granola

Valmistab: 10 tassi

KOOSTISOSAD:
- 1/3 tassi ekstra neitsioliiviõli
- 1/3 tassi kookosõli
- 2/3 tassi pluss 2 spl vahtrasiirupit
- 3/4 tassi peent meresoola
- 1/4 tassi kuivatatud jasmiiniõisi
- 10 tassi valtsitud kaera
- 1 1/2 tl terveid kuldseid või tavalisi linaseemneid
- 1 1/2 tl jahvatatud linaseemneid
- 1/2 tassi jämedalt hakitud tooreid sarapuupähkleid
- 1/2 tassi jämedalt hakitud kuivatatud aprikoose

JUHISED
a) Kuumuta ahi 300 °F-ni. Vooderda suur äärega ahjuplaat küpsetuspaberiga ja tõsta kõrvale.
b) Segage suures potis keskmisel kuumusel vahtrasiirup, kookosõli, oliiviõli, jasmiiniõied ja meresool.
c) Kuumutage madalal keemiseni, seejärel alandage kuumust ja keetke vedelik pakseneb veidi ja on väga lõhnav, 8-10 minutit.
d) Tõsta tulelt, lisa kaer ja sega pika varrega puulusika või silikoonlabida abil, kuni kaer on korralikult kaetud.
e) Lisa terved ja jahvatatud linaseemned ning sega ühtlaseks, seejärel sega hulka sarapuupähklid ja aprikoosid.
f) Vala kaerasegu ettevalmistatud ahjuplaadile, seejärel pakki lusika või spaatliga kergelt tihedaks ühtlaseks kihiks.
g) Tõsta ahju ja küpseta, pöörates plaati poole peal, kuni kaer on kuldne ja lõhnav ning sarapuupähklid on kergelt röstitud, 45–55 minutit.
h) Eemaldage plaat ahjust ja asetage segamata kõrvale, kuni granola on täielikult jahtunud toatemperatuurini. Lõika suupistesuurusteks tükkideks ja serveeri kohe või paki õhukindlatesse klaaspurkidesse.
i) Toatemperatuuril säilitatuna säilib granola hästi kuni 6 nädalat.

26. Lavendel kirss üleöökaer

Valmistab: 2 suurt portsjonit

KOOSTISOSAD:
- 1 tass india pähkleid
- 2 1/2 tassi vett
- 1/2 tl kuivatatud kulinaarset lavendlit
- 1 spl suhkrut
- 1 tl värsket sidrunimahla
- 1 tl puhast vaniljeekstrakti
- 1 tass valtsitud kaerahelbeid
- 1 tass värskeid kirsse, kivideta ja poolitatud
- 2 spl viilutatud mandleid

JUHISED

a) Aseta india pähklid ja vesi võimsasse blenderisse ning püreesta väga kreemjaks ja ühtlaseks. Sõltuvalt teie blenderi tugevusest võib selleks kuluda kuni 5 minutit.

b) Lisage lavendel, suhkur, sidrunimahl, vaniljeekstrakt ja väike näputäis soola. Segage pulss, seejärel kurnake sõela või pähklipiimakotti kasutades.

c) Pane india-lavendli piim kaussi ja sega hulka kaer. Kata kaanega ja aseta külmkappi ning lase tõmmata 4-6 tundi või üleöö.

d) Serveerimiseks tõsta kaerahelbed lusikaga kahte kaussi ning lisa kirsid ja mandlid. Nautige!

27. Marshmallow Fluffernutter kaerahelbed

Valmistab: 2 portsjonit

KOOSTISOSAD ::
- 1 tass kiirkaera
- 2 tassi vett
- 5 spl kreemjat maapähklivõid või kogus maitse järgi
- 3 spl vahukommi kohevust või kogus maitse järgi

JUHISED:
a) Lisage väikeses-keskmises kastrulis 2 tassi vett ja laske keema tõusta.
b) Kui vesi keeb, lisage 1 tass kaerahelbeid ja keetke 1 minut, segades küpsemise ajal .
c) Kui see on valmis, tõsta lusikaga ühtlaselt 2 kaussi.
d) Lisage maapähklivõi ja vahukommi kohev ning kõik soovi korral lisandid. Nautige!

28. Maapähklivõi Nutella kaerahelbed

Valmistab: 1

KOOSTISOSAD:
- 1/2 tassi valtsitud vanaaegset kaera
- 1/2 tassi piima
- 1/2 tassi vett
- 1 paras näputäis soola
- 2 spl maapähklivõi pulbrit
- 1 tl mett või maitse järgi
- 2 tl Nutellat
- 1 spl hakitud soolamata maapähkleid

JUHISED
a) Keskmises mikrolaineahjus kasutatavas kausis segage kaer, piim, vesi ja sool.
b) Kuumutage mikrolaineahjus 2 1/2 - 3 minutit. Sega hulka maapähklivõi pulber ja mesi.
c) Lase mõni minut jahtuda, seejärel tükelda ja keeruta Nutellas. Kõige peale maapähklid.

29. P maapähklivõi Kaerahelbed I

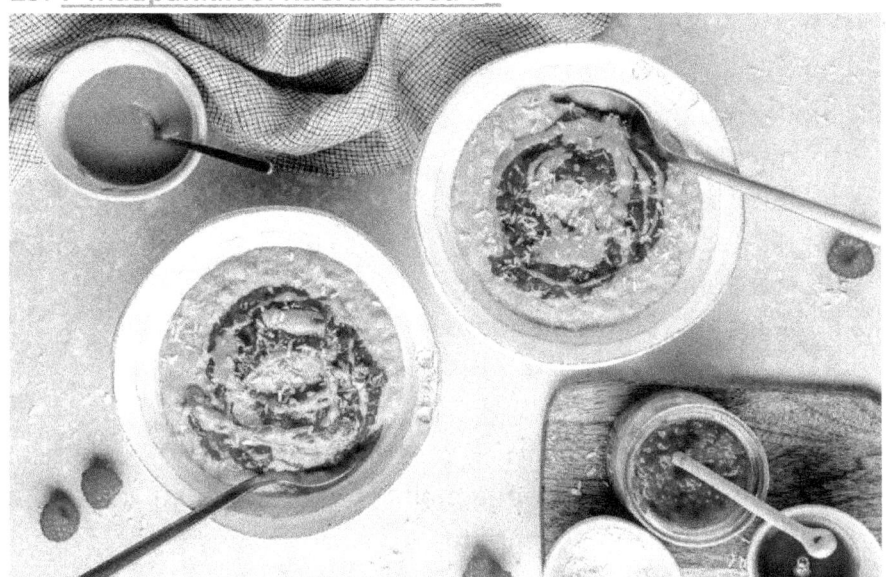

KOOSTISOSAD:
- ½ tassi vanaaegset valtsitud kaera
- Näputäis koššersoola
- 2 supilusikatäit vaarikaid
- 2 spl mustikaid
- 1 spl hakitud mandleid
- ½ tl chia seemneid
- 1 banaan, õhukeselt viilutatud
- 2 tl maapähklivõid, soojendatud

JUHISED:
a) Segage väikeses kastrulis 1 tass vett, kaer ja sool. Küpseta keskmisel kuumusel, aeg-ajalt segades, kuni kaer on pehmenenud, umbes 5 minutit.
b) Lisage kaerahelbed toiduvalmistamisnõusse. Puista peale vaarikad, mustikad, mandlid, chia seemned ja banaan ning nirista peale sooja maapähklivõid. Säilib kaetult külmikus 3-4 päeva.
c) Kaerahelbeid võib serveerida külmalt või soojendatult. Kuumutage mikrolaineahjus 30-sekundiliste intervallidega, kuni see on läbi kuumenenud.

30. Mandlivõi Banaan Kaer

Valmistab: 1

KOOSTISOSAD:
- 1/2 tassi kaera
- 3/4 tassi vett
- 1 munavalge
- 1 banaan
- 1 spl. linaseemnejahu _
- 1 tl toores mett
- näputäis kaneeli
- 1/2 spl. mandlivõi _

JUHISED
a) Sega kausis kaer ja vesi. Vahusta munavalge, seejärel vahusta see koos keetmata kaeraga.
b) Keeda pliidiplaadil.
c) Kontrolli konsistentsi ja jätka vajadusel kuumutamist, kuni kaer on kohev ja paks.
d) Püreesta banaan ja lisa kaerale. Kuumuta 1 minut
e) Segage lina, toores mesi ja kaneel. Kõige peale mandlivõi!

31. Vahtra pekanipähkli granola

Portsjonid: 12

KOOSTISOSAD ::
- 1 tass toorest pekanipähklit, peeneks hakitud
- 3 tassi kiiresti küpsevat kaera
- 1/2 tl jahvatatud kaneeli
- 1/2 tassi puhast vahtrasiirupit
- 1 tl puhast vaniljeekstrakti
- 1/2 tassi köögiviljapuljongit
- 1/2 tl peent soola

JUHISED:

a) Kuumuta ahi temperatuurini 300 ° F ja asetage küpsetuspaberiga suur küpsetusplaat.

b) Sega kõik koostisained segamisnõus kokku, tõsta segu küpsetuspaberiga kaetud ahjuplaadile ja aja küpsetusnõuga ühtlaseks kihiks.

c) Küpseta vähemalt 30 minutit. Viska see pooleldi, et granola ei kõrbeks. Selle asemel otsige kuldpruuni värvi.

32. Lina ja Chia seemnete kaerahelbed

Teeb 1

KOOSTISOSAD:
- 2 spl jahvatatud linaseemneid
- 2 supilusikatäit chia seemneid
- 2 supilusikatäit magustamata hakitud kookospähklit
- 2 supilusikatäit granuleeritud magusainet
- 1/2 tassi kuuma vett
- 1/2 tassi külma magustamata kookospiima

JUHISED:
a) Sega kuivained väikeses segamismassis ja sega korralikult läbi.
b) Sega poole tassi kuuma veega, veendudes, et segu oleks väga paks. Segage oma kookospiima, kuni teil on paks kreemjas "kaerahelbed".
c) Serveeri soovitud lisanditega/segistitega.

33. Vahtra kanepiseemne kaerahelbed

Valmistab: 2 portsjonit

KOOSTISOSAD :: _
- 1 tass terasest tükeldatud kaerahelbeid
- 3 spl toorest kooritud kanepiseemnet, jagatud
- 3 supilusikatäit vahtrasiirupit
- 2 tl kaneeli
- 1 spl tükeldatud mandleid
- 1 supilusikatäis sõstraid

JUHISED:
a) Lase 4 tassi vett suures kastrulis keema.
b) Lisage terasest tükeldatud kaerahelbed, 2 supilusikatäit kanepiseemneid, vahtrasiirupit ja kaneeli ning laske uuesti keema tõusta.
c) Alanda kuumust ja küpseta kaaneta 30 minutit, aeg-ajalt segades.
d) Serveeri kaussides, kaunista mandlitükkide, sõstarde ja ülejäänud kanepiseemnetega.

34. Kaerahelbed, psüllium ja chia puding

Valmistab: 2 portsjonit

KOOSTISOSAD:
- 400 ml magustamata mandlipiima
- 6 spl pehmeid kaerahelbeid
- 2 tl psülliumi
- 1 supilusikatäis chia seemneid
- 20 grammi tooreid mandleid
- 20 grammi röstitud sarapuupähkleid
- 20 grammi musti viinamarju
- 30 grammi kõrvitsakompotti

JUHISED:
a) Valmistage ette 2 keskmist kaussi ja jaotage mandlipiim, pange igasse umbes 200 ml.
b) Pange igasse kaussi 3 supilusikatäit kaerahelbeid, 1 psülliumi ja 1/2 chiat.
c) Kui lisada magustajaid, siis just nüüd on aeg seda teha, eemaldada kõik ja lasta külmkapis puhata, vähemalt pool tundi enne tarvitamist, võid ka eelmisel õhtul valmis teha ja lasta üleöö seista, sel juhul tuleb tihedam.
d) Lisa pähklid, puuviljad ja kompott vahetult enne serveerimist.

35. Päevalille-banaani kaerahelbed

Valmistab: 3 portsjonit

KOOSTISOSAD:
- 1 ¾ tassi vett
- ¼ teelusikatäit Himaalaja roosat soola
- 1 tass valtsitud kaerahelbeid
- 3 suurt küpset banaani, purustatud
- 3 spl päevalilleseemnevõid
- 2 spl agaavinektarit

JUHISED:
a) Aja vesi ja sool kastrulis keema; lisa kaer ja hauta kuni soovitud konsistentsini , umbes 5 minutit.
b) Tõsta kastrul tulelt ja sega hulka banaanid, päevalilleseemnevõi ja agaavinektar.

36. Kõrvitsaseemned Üleöö Kaer

Valmistab: 2 portsjonit

KOOSTISOSAD:
- 1 1/2 tassi suurte helvestega valtsitud kaerahelbeid
- 1 1/2 tassi magustamata mandlipiima
- 1/4 tassi 2% tavalist kreeka jogurtit
- 1/4 tassi vedelat mett
- 2 spl chia seemneid
- 1 spl vaniljet
- 1/4 tl iga jahvatatud ingverit ja kaneeli
- 1/2 tassi värskeid segatud marju
- 2 spl röstitud koorega kõrvitsaseemneid
- 2 supilusikatäit pepitat

JUHISED:
a) Segage suures kausis kaer, mandlipiim, jogurt , 3 supilusikatäit mett, chia seemned, vanill, ingver ja kaneel.
b) Hoia külmkapis 6 tundi või üleöö.
c) Lusikaga kaera segu 2 kaussi; peal marjad, kõrvitsaseemned ja pepitas .
d) Nirista ülejäänud meega. Vahetult enne serveerimist lisa soovi korral veel mandlipiima .

37. Sidruni mooniseemne kaerahelbed

Valmistab: 2 portsjonit

KOOSTISOSAD:
- 1 tass terasest tükeldatud kaerahelbeid
- 4 tassi piimavaba piima
- 1 suure või 2 väikese sidruni mahl
- 2 spl vahtrasiirupit
- 1 tl vaniljeekstrakti
- Rikkalik näputäis soola
- 1 1/2 supilusikatäit mooniseemneid

JUHISED
a) Lisa kaer, piim, sidrunimahl, vahtrasiirup, vanill ja sool suurel kuumusel suurde mittenakkuvasse potti. Kuumuta keemiseni, seejärel alanda kuumust keskmisel-madalale, et hoida tasasel tulel.
b) Küpseta 20–25 minutit, aeg-ajalt segades, et midagi poti põhja ei kleepuks. Lülitage kuumus maha, kui kaer on pehme ja teie maitse järgi paksenenud, seejärel segage mooniseemned. Vajadusel lisage maitse järgi täiendavat magusainet.
c) Serveeri vastavalt soovile; hoidke ülejääke külmkapis kuni 5 päeva.

38. Seesami-kaerahelbed datlitega

Valmistab: 4 portsjonit

KOOSTISOSAD:
- 1 tass kaera
- 1 tass vett
- 1 tass taimset piima, näiteks mandli või india pähklit
- 2 datlit tükeldatud
- 2 tl jahvatatud linaseemneid või jahvatatud chia seemneid
- 1 spl tahini maitse järgi

JUHISED
a) Kuumuta vesi ja datlid kõrgel kuumusel keemiseni ning alanda seejärel keskmisele kuumusele.
b) Lisa kaer, sega vastavalt vajadusele paksuks ja mulliliseks.
c) Kui saavutab soovitud konsistentsi, eemaldage kuumusest ja segage tahini.
d) Puista peale oma lemmikkatteid, näiteks pähkleid ja marju.

39. Punane sametine kaerahelbed

Mark: 6

KOOSTISOSAD:
- 1 ½ tassi valtsitud kaerahelbeid
- 1 tass petipiima
- 2 ½ tassi piima
- 2 supilusikatäit suhkrut
- 1 ½ supilusikatäit kakaopulbrit
- ¼ teelusikatäit soola
- 2 kuni 3 tilka punast toiduvärvi
- 1 tl vaniljeekstrakti

TÄIDISED
- Granaatõuna arilid
- Šokolaadi tükid
- Valikulised puuviljad
- pähklid

JUHISED
a) Lisa kastrulisse piim, suhkur, sool, vaniljeekstrakt ja kakaopulber
b) Segage ja lülitage kuumus keskmisele tasemele.
c) Lisa kaer piima-kakaosegule.
d) Lisage toiduvärv ja küpseta keskmisel kuumusel, kuni see on täielikult keedetud.
e) Võtab umbes 6 minutit täielikult küpsetamiseks. Põlemise vältimiseks segage pidevalt.
f) Serveeri rohkema piima ja valikuliste lisanditega.

40. Kakao Kaerahelbed

Valmistab: 1

KOOSTISOSAD:
- 1/2 tassi kaera
- 2 tassi vett
- Näputäis teelusikatäit soola
- tl jahvatatud vaniljekauna
- 2 spl kakaopulbrit
- 1 spl toores mett
- 2 spl jahvatatud linaseemnejahu
- näputäis kaneeli
- 2 munavalget

JUHISED
a) Tõsta kõrgel kuumusel kastrulisse kaer ja sool. Kata 3 tassi veega. Kuumuta keemiseni ja keeda 3-5 minutit, aeg-ajalt segades. Kui segu pakseneb, lisage vajadusel 1/2 tassi vett.
b) Eraldi kausis segage 4 spl vett 4 spl kakaopulbriga ühtlaseks kastmeks. Lisa pannile vanill ja sega.
c) Keera kuumus madalaks. Lisa munavalged ja vahusta kohe. Lisa linajahu ja kaneel. Sega segamiseks. Tõsta tulelt, lisa toores mesi ja serveeri kohe.
d) Lisamissoovitused: viilutatud maasikad, mustikad või paar mandlit.

41. Kirsi ja tumeda šokolaadi kaerahelbed

Valmistab: 4

KOOSTISOSAD:
- 3 ½ tassi vett
- ⅛ tassi roosuhkrut
- 1 tass terasest lõigatud kaera
- 3 supilusikatäit tumedat šokolaadi laastud
- 1 tass külmutatud kirsid, kivideta
- Näputäis meresoola

JUHISED:
a) Pange kõik koostisosad, välja arvatud šokolaad, oma kiirkeedupotti.
b) Segage segu hästi, sulgege kaas ja seadke 12 minutiks režiimile High (Kõrge) SUURKEÜPSETUS/MANUAL.
c) Vabastage kiiresti, segage šokolaaditükid ja serveerige.

42. Makadaamia ja valge šokolaadi kaerahelbed

KOOSTISOSAD:
- 1 tass piima valikul
- 1/2 tassi vanaaegset kaera
- 1 tl mett
- 1/4 tl vaniljeekstrakti
- 1 tl makadaamiapähkleid
- 2 tl valge šokolaadi laastud

JUHISED

a) Kuumuta piim väikeses potis keskmisel kuumusel. Lisage kaer ja mesi.
b) Kuumuta keemiseni ja alanda kuumust. Lase aeg-ajalt segades 4-5 minutit podiseda.
c) Kui pakseneb, tõsta tulelt. Sega hulka vanill, seejärel vala kaussi.
d) Kõige peale pane makadaamiapähklid ja valge šokolaadi laastud.

43. Oreo ja koorega kaerahelbed

Valmistab: 1

KOOSTISOSAD ::
- 1 tass piima
- ½ tassi vanaaegset kaera
- 1 spl chia seemneid
- ¼ tassi vaniljejogurtit
- 2-3 Oreo küpsist, tükeldatud

JUHISED:
a) Kuumuta piim väikeses potis keskmisel kuumusel.
b) Lisa hulka kaer ja chia seemned.
c) Kuumuta keemiseni ja alanda kuumust.
d) Lase aeg-ajalt segades 4-5 minutit podiseda.
e) Vala kaussi ning tõsta peale jogurt ja Oreo küpsised.

44. Maapähklivõi Oreo Granola

Valmistab: 3½ tassi

KOOSTISOSAD ::
- 1 ½ tassi vanaaegset kaera
- ¼ tassi chia seemneid
- 1 tass maapähkleid, poolitatud või hakitud
- 15 Oreot, tükeldatud
- ½ tassi pulbristatud maapähklivõid
- ¼ tassi õli
- 2 spl tumepruuni suhkrut
- 1 munavalge
- ¾ tassi šokolaaditükke

JUHISED:
a) Kuumuta ahi 300 kraadini ja vooderda kaks ahjuplaati küpsetuspaberiga
b) Sega suures kausis kaer, chia seemned, maapähklid, Oreos ja pulbristatud maapähklivõi
c) Vahusta väikeses kausis õli ja fariinsuhkur
d) Valage vedelikud kaerale ja segage, et kaer oleks ühtlaselt kaetud
e) Vahusta samas kausis, kus kasutati õli, munavalge vahuks. Lisa kaussi ja sega läbi
f) Laota kaerasegu kahe panni vahel ühtlaselt laiali
g) Küpseta 20 minutit ja sega segu. Küpseta veel 15–20 minutit, segades iga paari minuti järel, et see ära ei kõrbeks
h) Tõsta ahjust välja ja jahuta ahjuplaatidel
i) Kui see on täiesti jahtunud, sega hulka šokolaaditükid

45. Nori Kaerahelbed

Valmistab: 1 portsjon

KOOSTISOSAD ::
- 40 g kaerahelbeid
- ½ tassi vett
- 1½ tl Jaapani nuudlikastet
- hakitud Nori merevetikad
- wasabi

JUHISED:
a) Pane kaussi kaerahelbed ja vesi. ja mikrolaineahjus 1 minut.
b) Kalla peale Nori merevetikad ja Wasabi ning kalla peale nuudlikaste.

46. Soolane Miso kaerahelbed

Valmistab: 1 portsjon

KOOSTISOSAD:
- 1 tass veiselihapuljongit
- 1/2 tassi hakitud sibulat, sellerit ja porgandit
- 1/2 tassi kuubikuteks lõigatud tofut
- 1/4 tassi merevetikaid
- 1 suur muna, lahtiklopitud
- 1/3 tassi kaera
- 1 tl misopastat

JUHISED
a) Kuumuta väikeses potis kõrgel kuumusel kondipuljong. Lisa köögiviljad ja tofu , lase keema .
b) Sega juurde merevetikad, millele järgneb lahtiklopitud muna.
c) Segage pidevalt paar sekundit või kuni muna on laiali valgunud . Eemaldage kuumusest.
d) Segage kaer, katke kaanega ja laske 5 minutit seista.
e) Vahepeal lahustage misopasta väikeses kausis kuumas vees.
f) Lisa miso kaerahelbedele. Maitse ja reguleeri maitset, lisades soovi korral rohkem soola.

47. Kuivatatud merevetika- ja munakaerajahu

Valmistab: 1 portsjon

KOOSTISOSAD:
- seesamiõli praadimiseks
- ½ küüslauguküünt
- 8 g kuivatatud merevetikaid
- 200 ml vett
- 30 g valtsitud kaerahelbeid
- 1 muna
- 1 tl soola

JUHISED
a) Leota merevetikaid vees vähemalt 40 minutit. Nõruta ja pane kõrvale.
b) Haki küüslauk, prae segades seesamiõliga kuldpruuniks. Lisa merevetikad , jätka segamist .
c) Lisa vesi. Lase keema tõusta.
d) Lisa kaerahelbed, alanda veidi kuumust ja lase umbes 3 minutit küpseda.
e) Klopi kausis lahti muna ja lisa sool. Vahusta segu veidi. Lisa see kaerahelbedele.
f) Lase kaerapudrul küpseda, kuni tekstuur pole liiga vedel ega kuiv.
g) Serveeri koos kimchiga.
h) Naudi oma einet!

48. Makrobiootiline kaerahelbed I

Valmistab: 1 portsjon

KOOSTISOSAD:
- 100 ml kaerahelbed
- 1 spl Miso
- 2 supilusikatäit kuivatatud wakame vetikat
- 1 Umeboshi
- 1 supilusikatäis rohelist sibulat, peeneks viilutatud
- 1 tilk Nori vetikaid, õhukeselt viilutatud

JUHISED
a) Pane 1 1/4 tassi vett potis keema.
b) Lahustage supilusikatäis misot ja lisage seejärel wakame ja kaerahelbed.
c) Keeda kaerahelbed vastavalt pakendi juhistele.
d) Tõsta kaerahelbed kaussi.
e) Tõsta peale umeboshi ning puista seejärel ühtlaselt roheline sibul ja nori merevetikad.

49. Kõrvitsa ja merevetika kaerahelbed

KOOSTISOSAD:
- ½ tassi riisi ja pudru segu
- ½ tassi valtsitud kaera või lühikese teraga riisi
- 1 tass konserveeritud kõrvitsapüreed
- Ekstra neitsiseemneõli
- 2 tl hakitud ingverit
- 6 tassi puljongit
- 3 supilusikatäit purustatud, kuivatatud hijiki merevetikaid
- 2 tl mett või vahtrasiirupit
- Meresool või misopasta maitse järgi
- Näputäis valget pipart
- Prits sojakastet

JUHISED
a) Prae potis ingver seemneõlis lõhnavaks.
b) Loputage terad. Lisa potti.
c) Lisa valitud vedelik ja hakitud merevetikad. Sega ja lase keema tõusta.
d) Keeda putru keskmisel-madalal kuumusel, kuni kõik terad on pehmed ja saavutanud ideaalse konsistentsi.
e) Maitsesta meresoola või miso, sojakastme, mee või vahtrasiirupi ja pipraga.

50. Pistaatsiapähklid Kaerahelbed

Valmistab: 4

KOOSTISOSAD:
- 2 tassi vanaaegset kaera
- 2¼ tassi vett
- 2¼ tassi piima
- ½ tl soola
- ¼ teelusikatäit muskaatpähklit
- 1 spl mett
- 1 spl kuivatatud jõhvikaid
- 1 spl kuivatatud kirsse
- 1 spl röstitud pistaatsiapähklid

JUHISED:
a) Lisage kiirpotti kõik koostisosad, välja arvatud jõhvikad, kirsid ja pistaatsiapähklid.
b) Kinnitage pliidi kaas ja vajutage funktsiooniklahvi "Käsitsi".
c) Seadke aeg 6 minutiks ja küpseta kõrgel rõhul.
d) Pärast piiksu vabastage rõhk loomulikult ja eemaldage kaas.
e) Sega valmis kaerahelbed ja serveeri kausis.
f) Kaunista pealt jõhvikate, kirsside ja pistaatsiapähklitega.

51. Vahtra pekanipähkli kaerahelbed

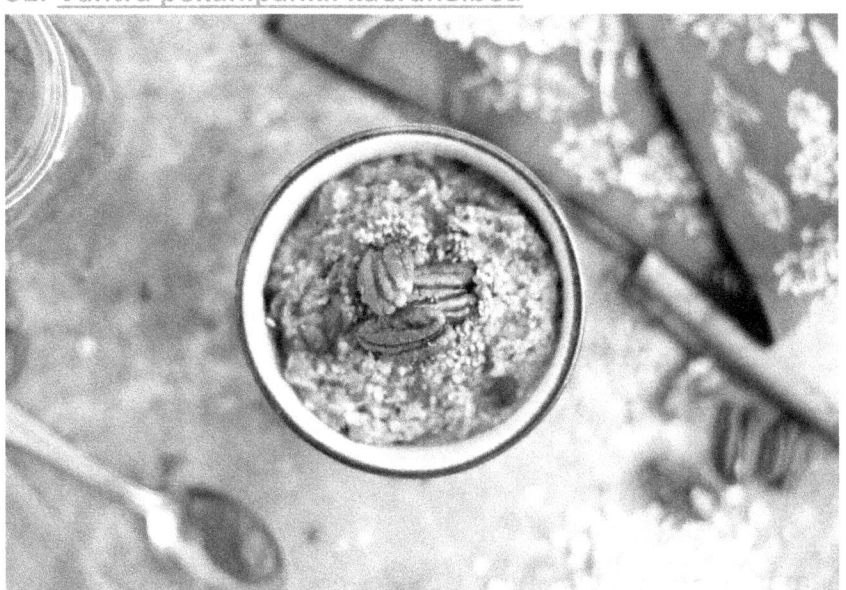

Valmistab: 1

KOOSTISOSAD:
- 1/2 tassi valtsitud vanaaegset kaera
- 1/2 tassi piima
- 1/2 tassi vett
- 1 paras näputäis soola
- 2 tl pakitud pruuni suhkrut või vahtrasiirupit
- 4 tilka vahtraekstrakti või maitse järgi
- 2 supilusikatäit hakitud pekanipähklit

JUHISED:
a) Keskmises mikrolaineahjus kasutatavas kausis segage kaer, piim, vesi ja sool.
b) Kuumutage mikrolaineahjus 2 1/2 - 3 minutit.
c) Sega juurde pruun suhkur ja vahtraekstrakt.
d) Laske mitu minutit jahtuda. Kõige peale pekanipähklid.

52. Brasiilia pähkel öökaer

Valmistab: 1

KOOSTISOSAD:
ÖÖKAER:
- 1/2 tassi vanaaegset kaera
- 1 tass kookospiima
- 1 supilusikatäis chia seemneid
- 1 spl mett, agaavinektarit või vahtrasiirupit

TÄIDISED:
- Brasiilia pähklid, terved või jämedalt hakitud
- Mango, viilutatud või kuubikuteks lõigatud
- Banaanid, viilutatud
- Hakitud kookospähkel

JUHISED
a) Kombineeri kõik üleöö kaer **KOOSTISOSAD:** kausis või müüripurgis.
b) Kata kaanega ja hoia üleöö või vähemalt 6 tundi külmkapis.
c) Hommikul lisage lisandid ja veel veidi kookospiima, kui soovite kreemjamat tekstuuri.

53. Sarapuupähkli kaerahelbed

KOOSTISOSAD:
KAERAHELBED
- 1 tass valtsitud kaerahelbeid
- 2 tassi magustamata mandlipiima†
- ⅓ tassi Hollandi töödeldud kakaopulbrit
- 2 tl lahustuva kohvi graanuleid
- 1,8 untsi piimavaba tumedat šokolaadi, jämedalt tükeldatud, jaotatud
- 2 spl vahtrasiirupit
- 1 näputäis soola

TÄIDISED
- 1 banaan, viilutatud
- ½ tassi magustamata kookosjogurtit
- 2 spl sarapuupähklivõid
- 1 spl röstitud soolamata sarapuupähkleid, hakitud

JUHISED
a) Lisa kastrulisse kaer, piim, kakaopulber ja lahustuv kohv.
b) Kuumutage õrnalt keemiseni, seejärel keetke aeg-ajalt segades 7–10 minutit.
c) Tõsta pott tulelt ja sega juurde pool tükeldatud šokolaadist ning kogu vahtrasiirup ja sool.
d) Jaga kaerahelbed kausside vahel.
e) Vala peale banaan, jogurt, sarapuupähklivõi, sarapuupähklid ja ülejäänud tükeldatud šokolaad.
f) Nautige!

54. Banaan Makadaamia pähkel öökaer

Valmistab: 1

KOOSTISOSAD:
- 1/2 tassi vanaaegset valtsitud kaera
- 1/4 tl jahvatatud kardemoni
- 1 näputäis peent soola
- 3/4 tassi madala rasvasisaldusega piima või teie valitud piima
- 1 tilk puhast vaniljeekstrakti
- 1/2 keskmist banaani, viilutatud
- 1 spl makadaamiapähkleid, kuivröstitud, hakitud
- 1 spl magustamata kookospähkel, röstitud
- 1/2 tl kanepiseemneid
- 1/4 tl chia seemneid
- 1 tl puhast vahtrasiirupit

JUHISED
a) Lisa kaussi või suurde vedeliku mõõtetopsi kaer, kardemon, sool, piim ja vanill. Sega segamiseks.
b) Tõsta tihedalt suletava kaanega purki või anumasse ja hoia üleöö külmkapis.
c) Järgmisel päeval naudi külma või soojenda, peale viilutatud banaani, hakitud makadaamiapähklit, röstitud kookospähklit, chia- ja kanepiseemneid ning nirista peale vahtrasiirup.

55. Datli ja männipähklite üleöö kaerahelbed

Valmistab: 1

KOOSTISOSAD:
- ½ tassi vanaaegset valtsitud kaera
- ½ tassi vett
- Näputäis soola
- 2 spl hakitud datleid
- 1 spl röstitud seedermänni pähkleid
- 1 tl mett
- ¼ tl jahvatatud kaneeli

JUHISED

a) Kombineerige kaer, vesi ja sool purgis või kausis ning segage.
b) Kata ja pane üleöö külmkappi.
c) Hommikul soojenda kaera soovi korral või söö külmalt.
d) Kõige peale pane datlid, piiniaseemned, mesi ja kaneel.

56. Kõrvitsa pekanipähkli kaerahelbed

Valmistab: 4 portsjonit

KOOSTISOSAD:
- 3 tassi vett
- 1 tl kõrvitsapiruka vürtsi teelusikatäis soola (valikuline)
- 2 tassi kaera (kiire või vanaaegne, kuumtöötlemata)
- 1 tass kõrvitsakonservi (mitte kõrvitsapiruka lling) tassi korralikult pakitud pruuni suhkrut
- 18-untsine vanilje madala rasvasisaldusega või rasvavaba jogurt
- 3 supilusikatäit jämedalt hakitud röstitud pekanipähklit

JUHISED:
a) Kuumuta keskmises kastrulis vesi, piruka vürts ja sool keemiseni; sega hulka kaer. Keeda tagasi; vähenda kuumust keskmisele tasemele.
b) Keeda 1 minut kiirkaera puhul, 5 minutit vanaaegse kaera puhul või kuni suurem osa vedelikust on imendunud, aeg-ajalt segades.
c) Sega juurde kõrvits ja fariinsuhkur; küpseta 1 minut.
d) Lase seista kuni soovitud konsistentsini.
e) Tõsta lusikaga kaerahelbed nelja teraviljakaussi. Kõige peale tõsta jogurt ja pekanipähklid.

KAERAPUHRU SUUNIK JA MAGUSTOIT

57. Taimsed kaerahelbeburgerid

Valmistab: 8 portsjonit

KOOSTISOSAD:
- 3 tl taimeõli, jagatud
- 1 tass viilutatud seeni
- 1 tass hakitud porgandit (umbes 2)
- 1 tass hakitud sibulat (umbes 1 keskmine)
- 1 tass hakitud suvikõrvitsat (umbes 1 väike)
- 2 tassi kaera (kiire või vanaaegne, kuumtöötlemata)
- 115 untsi ube, loputatud ja nõrutatud
- 1 tass keedetud valget või pruuni riisi
- 1 tass hakitud värsket koriandrit või murulauku (valikuline)
- 2 spl sojakastet või teelusikatäis soola
- 1 tl hakitud küüslauku tl musta pipart
- Hamburgeri kuklid ja lisandid (valikuline)

JUHISED:
a) Kuumuta suurel mittenakkuval pannil 1 tl õli. Lisa seened, porgand, sibul ja suvikõrvits; küpseta keskmisel-kõrgel kuumusel 5 minutit või kuni köögiviljad on pehmed.
b) Tõsta köögiviljad köögikombaini kaussi. Lisa kaer, oad, riis, koriander, sojakaste, küüslauk ja pipar. Pulseerige umbes 20 sekundit või kuni see on hästi segunenud. Jaga kaheksaks tassi portsjoniks. Vormi vahatatud paberi vahelt pätsikesed. Jahutage vähemalt 1 tund või kuni see on tahke.
c) Kuumutage samal pannil keskmisel-kõrgel kuumusel ülejäänud 2 tl õli. Küpseta kotletid 3–4 minutil mõlemalt poolt või kuni need on kuldpruunid. Serveeri soovi korral kuklitel koos lisanditega.

58. Õunakaerahelbe vürtsiküpsised

Valmistab: umbes 3 tosinat

KOOSTISOSAD:
- 1 tass universaalset meie
- 1 tl söögisoodat
- 1 tl jahvatatud kaneeli teelusikatäis soola (valikuline)
- 1 tl jahvatatud muskaatpähkel (valikuline)
- 1 tass pakitud pruuni suhkru tassi granuleeritud suhkrut
- 1 tass heledat võid
- 1 tass magustamata õunakastet või õunavõid
- 1 muna
- 2 spl kooritud piima
- 2 tl vanilli
- 3 tassi kaera (kiire või vanaaegne, kuumtöötlemata)
- 1 tass kuubikuteks lõigatud kuivatatud puuvilju või rosinaid

JUHISED:
a) Kuumuta ahi temperatuurini 350 ° F. Piserdage küpsiselehtedele kergelt küpsetusspreid.
b) Vahusta suures kausis elektrimikseriga suhkrud ja hele või, kuni need on hästi segunenud. Lisa õunakaste, muna, piim ja vanill; peksid hästi. Lisa kombineeritud meie, söögisooda, kaneel, sool ja muskaatpähkel; sega hästi. Sega juurde kaer ja kuivatatud puuviljad; sega korralikult läbi (tainas tuleb niiske).
c) Tõsta tainas ümarate supilusikatäite kaupa küpsiselehtedele, vajuta kergelt, et see oleks märgatav.
d) Küpseta 12–14 minutit või kuni servad on helekuldpruunid. Jahuta 1 minut küpsiselehtedel; eemaldage restile. Jahuta täielikult. Hoida tihedalt kaetult.

59. Sidruni-mustika kaerahelbed muffinid

Valmistab: 1 tosin

KOOSTISOSAD:
- 1 tass kaer (kiire või vanaaegne, kuumtöötlemata), jagatud
- 2 spl. pakitud pruun suhkur
- 1 tass universaalset jahu
- 1 tass granuleeritud suhkrut
- 1 spl. küpsetuspulber teelusikatäis soola (valikuline)
- 1 tass kooritud piima
- 2 munavalget või tassi munaasendajat munakollase või 1 munaga
- 2 spl. rapsiõli
- 1 tl. riivitud sidrunikoor
- 1 tl. vanilje
- 1 tass värskeid või külmutatud mustikaid (ärge sulatage)

JUHISED:
a) Kuumuta ahi temperatuurini 400 ° F. Pihustage 12 keskmist mun tassi toiduvalmistamispihustiga; kõrvale panema.
b) Katmiseks ühendage tassi kaer ja pruun suhkur; kõrvale panema.
c) Segage suures kausis ülejäänud 1 tass kaera ülejäänud kuivainetega; sega hästi. Sega väikeses kausis piim, munaasendaja, õli, sidrunikoor ja vanill; sega hästi. Lisa kuivainetele; segage lihtsalt kuni niisutamiseni. (Ärge segage üle.) Segage õrnalt marjad. Täida mu n tassid peaaegu täis; puista peale kattekiht.
d) Küpseta 18–22 minutit või kuni helekuldpruunini. Jahuta munsid pannil restil 5 minutit. Eemalda pannilt. Serveeri soojalt.

60. Aprikoosi kaerahelbe muffinid

Valmistab: 1 tosin

KOOSTISOSAD:
- 1 tass kaer (kiire või vanaaegne, kuumtöötlemata)
- 1 tass madala rasvasisaldusega petipiima
- 1 tass munaasendajat või 2 munavalget, kergelt vahustatud
- 2 spl margariini, sulatatud
- 1 tass universaalset meie
- 1 tass hakitud kuivatatud aprikoose tassi hakitud pähkleid (valikuline)
- 3 supilusikatäit granuleeritud suhkrut
- 1 tl küpsetuspulbrit tl söögisoodat teelusikatäit soola (valikuline)

JUHISED:
a) Kuumuta ahi temperatuurini 400 ° F. Pihustage kaksteist keskmist mu n tassi kergelt toiduvalmistamispihustiga.
b) Keskmises kausis ühendage kaer ja petipiim; sega hästi. Lase seista 10 minutit. Sega munaasendaja ja margariin kuni segunemiseni.
c) Segage suures kausis meie, aprikoosid, pähklid, suhkur või magusaine, küpsetuspulber, sooda ja sool; sega hästi. Lisage kaera segu korraga; sega lihtsalt seni, kuni kuivained on niisutatud . (Ärge segage üle.) Täitke mu n tassid peaaegu täis.
d) Küpseta 20 kuni 25 minutit või kuni kuldpruunini. Jahuta mu nsid pannil restil 5 minutit; eemalda pannilt. Serveeri soojalt.

61. Kaerahelbedest lõhepäts

Valmistab: 8 portsjonit

KOOSTISOSAD:
KASTE
- 1 tass külmutatud herneid, sulatatud
- 1 tass tavalist madala rasvasisaldusega jogurtit
- 1 spl Dijoni stiilis sinepit
- 1 spl hakitud värsket tilli umbrohtu või 1 tl kuivatatud tilli Must pipar, maitse järgi

PÄTS
- 2 purki (igaüks 15 untsi) lõhet, nõrutatud, nahk ja luud eemaldatud
- 1 tass hakitud porgandit
- 1 tass kaer (kiire või vanaaegne, kuumtöötlemata)
- 1 tass tavalist madala rasvasisaldusega jogurtit viilutatud rohelist sibulat
- 1 purk (2 untsi) viilutatud küpseid oliive (valikuline)
- 3 munavalget, kergelt vahustatud
- 1 tass hakitud rohelist paprikat
- 1 spl Dijoni stiilis sinepi teelusikatäis musta pipart

JUHISED:
a) Kastme jaoks ühendage kõik koostisosad väikesesse kaussi; sega hästi. Katke ja jahutage.
b) Kuumuta ahi temperatuurini 350 ° F. Pihustage 8 x 4-tollist või 9 x 5-tollist leivavormi küpsetuspihustiga.
c) Leiva jaoks ühendage kõik pätsi koostisosad suures kausis; sega kergelt, kuid hoolikalt. Suru pannile; küpseta 50–60 minutit või kuni helekuldpruunini. Enne viilutamist laske 5 minutit seista. Serveeri kohe koos kastmega.

62. Kaerahelbepruunid

Valmistab: 24 baari

KOOSTISOSAD:
- 1 tass taimeõli
- 3 ruutu (3 untsi) magustamata šokolaadi
- 1 tassi granuleeritud suhkru tassi õunakastet
- 4 munavalget või 2 muna, kergelt vahustatud
- 1 tl vanilli
- 1 tass kaer (kiire või vanaaegne, kuumtöötlemata)
- 1 tass universaalset meie
- 1 tl küpsetuspulbrit teelusikatäis soola (valikuline)
- 1 spl tuhksuhkrut

JUHISED:
a) Kuumuta ahi temperatuurini 350 ° F. Pihustage küpsetuspihustiga kergelt ainult 13 x 9-tollise küpsetuspanni põhja.
b) Kuumuta suures kastrulis madalal kuumusel õli ja šokolaadi, kuni šokolaad on sulanud, sageli segades. Eemaldage kuumusest. Segage granuleeritud suhkrut ja õunakastet, kuni suhkur on lahustunud. Segage munavalged ja vanill, kuni need on täielikult segunenud.
c) Lisa kombineeritud kaer, meie, küpsetuspulber ja sool ; sega hästi. Laota ühtlaselt pannile.
d) Küpseta 22–25 minutit või kuni servad hakkavad panni külgedelt eemale tõmbuma.
e) Jahuta pannil restil täielikult maha. Lõika ribadeks. Hoida tihedalt kaetult.
f) Vahetult enne serveerimist puista üle tuhksuhkruga.

63. Kaduvad kaerahelbe-rosinaküpsised

Valmistab: 4 tosinat

KOOSTISOSAD:
- 1 nael (2 pulka) margariini või võid, pehmendatud
- 1 tass rmly pakitud pruuni suhkru tassi granuleeritud suhkrut
- 2 muna
- 1 tl vanilli
- 1 tass universaalset meie
- 1 tl söögisoodat
- 1 tl jahvatatud kaneeli teelusikatäis soola (valikuline)
- 3 tassi kaera (kiire või vanaaegne, kuumtöötlemata)
- 1 tass rosinaid

JUHISED:
a) Kuumuta ahi temperatuurini 350 ° F. Vahusta suures kausis margariin ja suhkrud kreemjaks. Lisa munad ja vanill; peksid hästi. Lisa kombineeritud meie, söögisoodat, kaneeli ja soola; sega hästi. Lisa kaer ja rosinad; sega hästi.
b) Tõsta tainas ümarate supilusikatäite kaupa määrimata küpsiselehtedele.
c) Küpseta 10 kuni 12 minutit või kuni helekuldpruunini. Jahuta 1 minut küpsiselehtedel; eemaldage restile. Jahuta täielikult. Hoida tihedalt kaetult.

64. Toores marjakrõpsud

Portsjonid: 6-8

KOOSTISOSAD:
- 30 untsi segatud marju (maasikad, mustikad, vaarikad)
- 2 tassi tooreid kreeka pähkleid või tooreid pekanipähklit
- 1/4 tassi keetmata kaerahelbeid
- 2 spl vahtrasiirupit
- 1/4 tl sibulapulbrit

Juhised:
a) Sega suures kausis viilutatud maasikad ja muud pestud marjad.
b) Valmista kate köögikombainis, segades kõiki koostisosi, kuni need on lihtsalt segunenud.
c) Lisa 1,4-liitrisesse pajapotti suurem osa marjasegust, jättes alles umbes paar supilusikatäit. Määri ühtlaselt laiali.
d) Nüüd kalla suurem osa kattest marjadele, jättes alles paar supilusikatäit.
e) Nüüd puista peale ülejäänud marjad ja lõpuks ülejäänud kate.
f) Serveeri kohe või pane 1 tunniks külmkappi.

65. Keetmata tatra kurkumipuder

TEENUSED 1

KOOSTISOSAD:
- 1/2 tassi toortatra tangu
- 1/3 tassi kaera-, mandli- või sojapiima
- 1 banaan, kooritud ja tükeldatud
- 1/3 tl jahvatatud kurkumit
- 1 näputäis jahvatatud musta pipart

Juhised

a) Lisage kõik oma **KOOSTISOSAD:** blenderi või saumikseri purki ja segage, nagu homset polekski . Väike köögikombain segab selle segamini, kuid te ei pruugi saada nii siledaks.
b) Serveeri, millele on lisatud kõike, mida süda soovib.
c) Värsked puuviljad, krõmpsuv granola, kakao nibsid ja röstitud pähklid on kõik maitsvad.

66. Hommikusöök Zingeri baarid

5-6 portsjoni jaoks

KOOSTISOSAD:
- 10 kivideta Medjooli datlit
- 1/4 tassi kuldseid marju
- 1 tass gluteenivaba kaerahelbeid
- sidruni koor

Juhised

a) Pane kaer köögikombaini ja töötle, kuni kaer laguneb väikesteks tükkideks.
b) Lisa kuldsed marjad, datlid ja sidrun ning töötle, kuni segu on kleepuv.
c) Kui segu on kleepuv, vormi see kangideks.
d) Pange tops nädalaks külmkappi. Kahekordistage kogust, et valmistada rohkem Zingeri batoone!

67. Kookose kaerahelbeküpsised

Portsjonid: 24

KOOSTISOSAD ::
- 1 1/4 tassi gluteenivaba valtsitud kaera
- 1/4 tassi piimavaba piima
- 1/2 tassi kookossuhkrut
- 2 tl jahvatatud linaseemneid
- 6 spl köögiviljapuljongit
- 1/3 tassi mandlivõid
- 1/2 tassi hakitud kookospähklit
- 1 tl vaniljeekstrakti
- 1/4 teelusikatäit soola

JUHISED:
a) Kuumuta ahi temperatuurini 325 °F.
b) Klopi potis pidevalt segades kokku piimavaba piim ja jahvatatud linaseemned. Kui segu keeb, eemaldage see tulelt ja asetage kõrvale.
c) Sega kausis pool vahtrasiirupist, köögiviljapuljongist ja mandlivõist.
d) Sega hulka linasegu, sool ja vaniljeekstrakt. Segage kaer, kookospähkel ja ülejäänud siirup, kuni need on hästi segunenud. Oodake, kuni tainas on väga paks.
e) Tõsta tainas kulbi või lusikaga küpsetusplaadile umbes 2 tolli kaugusel.
f) Küpseta, kuni põhi on kergelt pruunistunud ja lase enne serveerimist täielikult jahtuda .

68. Santa Fe musta oa burger

Portsjonid: 2

KOOSTISOSAD ::
- 14 untsi orgaanilisi musti ube, nõrutatud ja loputatud
- 2 spl köögiviljapuljongit
- 1/4 tassi kaera, rullitud
- 1/2 tl küüslaugupulbrit
- 1/4 tassi linajahu
- 1/4 tassi rammusat salsat
- 1 tl köömneid
- 1/2 tl Cayenne'i
- 1/2 tl roosat soola
- Maisijahu, tolmutamiseks

JUHISED:
a) Püreesta mustad oad kahvliga keskmise suurusega segamisnõus. Võite jätta mõned tükid tekstuuri jaoks.
b) Sega kaer, mandlijahu, vürtsid, sool ja salsa segamisnõus. Segage veel kord ja kasutage käsi.
c) lisa veel linajahu või mandlijahu. Kontrolli maitset.
d) Jaga segu ja vormi sellest meelepärase suurusega pätsikesed. Puista soovi korral kergelt üle maisijahuga.
e) Pliit: kuumutage keskmisel pannil 2 supilusikatäit köögiviljapuljongit. Küpseta mõlemalt poolt umbes 5 minutit.
f) Ahi (õlivaba): Kuumuta ahi 350 °F-ni. Vooderda ahjuplaat küpsetuspaberiga, seejärel aseta sellele pätsikesed. Küpseta 10-15 minutit ahju keskmisel siinil, seejärel keera ümber ja korda.

69. 7-teraline kaerahelbekook

Valmistab: 1 kook

KOOSTISOSAD ::
- KREEM KOOS:
- 1 tass AM rapsiõli
- 2 tassi vahtrasiirupit
- 1½ tl vanilje SEGU SILEDUSEKS:
- 2 tassi AM pleegitamata valget jahu
- ⅜ tass AM sojajahu
- ½ tassi külma vett
- ½ tassi sojapiima
- 1½ tl riivitud sidrunikoort
- 1½ tl meresoola (valikuline)
- 3 munavalget
- 2 tl kaneeli
- 2 tl mittemaarjast küpsetuspulbrit SEGA ÜLALOLEMAD 2 SEGU KOOS JA LISA:
- 1 tass keedetud AM 7 teravilja
- 5 tassi AM valtsitud kaera
- ½ tassi rosinaid (valikuline)
- ½ tassi hakitud pähkleid

JUHISED:
a) Sega korralikult läbi ja täida õliga määritud koogivorm ¾ täis. Küpseta 350 F. kuni helekuldpruunini. See ei ole väga magus kook. Võib serveerida õunavõi, mccga jne.

70. Amishi kaerahelbekook

Valmistab: 12 portsjonit

KOOSTISOSAD ::
- 1 tass keetmata 1 min kiirkaerahelbeid
- 1½ tassi keeva vett
- 1½ tassi jahu
- ½ tl Söögisoodat
- ½ tl kaneeli
- ½ tl muskaatpähkel
- ½ teelusikatäit soola
- ½ tassi võid; pehmendatud
- 1 tl vaniljeekstrakti
- 1 tass pruuni suhkrut
- 1 tass granuleeritud suhkrut
- 2 muna

JUHISED:

a) Asetage kaer väikesesse kaussi ja valage neile keev vesi. Lase seista 20 minutit. Kuumuta ahi temperatuurini 350 F. Sõelu vahapaberile kokku jahu, sooda, kaneel, muskaatpähkel ja sool. Kõrvale panema. Vahusta või suures segamiskausis kreemjaks. Lisa vanill ja lisa vähehaaval suhkrud, vahustades kohevaks. Klopi segusse ükshaaval lahti munad. Lisa kaerahelbesegu ja blenderda. Lisa jahusegu ja sega uuesti läbi. Valage tainas õlitatud 13 x 8-tollisele pannile. Küpseta 35 minutit või kuni koogi pealmine osa sõrmeotsaga puudutamisel tagasi kerkib.

71. Kakao-kaerahelbekook

Valmistamine: 1 portsjon

KOOSTISOSAD ::

- 1¼ tassi keeva vett
- 1½ tassi Kiiresti valmiv valtsitud kaer
- 1½ tassi universaalset või pleegitamata jahu
- 2 supilusikatäit kakaod
- 1 tl Söögisoodat
- 1 tl Küpsetuspulber
- 1 tl kaneeli
- 1 kriips soola
- ½ tassi margariini või võid; pehmendatud
- 1 tass Tugevalt pakitud fariinsuhkrut
- ½ tassi suhkrut
- 2 muna
- ½ tassi rosinaid
- 2 supilusikatäit margariini või võid; pehmendatud
- ¾ tassi Tugevalt pakitud pruuni suhkrut
- 2 spl Piima
- 1 tass krõbedat riisiterahelbe

KOOK
TOPPING

JUHISED:

a) Kuumuta ahi temperatuurini 350 F. Määri ja jahu 13 x 9-tolline pann. Sega keskmises kausis keev vesi ja valtsitud kaer; lase seista 20 minutit. Tõsta kergelt lusikaga jahu mõõtetopsi; ühtlustuma. Sega keskmises kausis jahu, kakao, sooda, küpsetuspulber, kaneel ja sool. Sega suures kausis margariin, pruun suhkur, suhkur ja munad; klopi kreemjaks. Lisa kaera segu ja jahusegu; sega hästi. Sega hulka rosinad. Laota ettevalmistatud pannile. Küpseta 350 kraadi juures 30–35 minutit või kuni keskele torgatud hambaork tuleb puhtana välja.

b) Sega väikeses kausis kate **KOOSTISOSAD :** ; sega hästi. Tõsta lusikaga ühtlaselt kuumale koogile. Hauta 6–8 tolli kuumusest 1–2 minutit või kuni kate on mullitav. Eemaldage ahjust; vajadusel määri kate koogipealseks. Jahuta täielikult.

72. Kookose-pekanipähkli kaerahelbekook

Valmistab: 12 portsjonit

KOOSTISOSAD ::
- 1⅓ tassi jahu
- 1 tl Söögisoodat
- ½ tl Küpsetuspulbrit
- 1 tl Sool
- ½ tl jahvatatud kaneeli
- 1 tass valtsitud kaera
- 8 spl soolata võid – toas
- 6 spl soolata võid – toatemperatuuril
- 1 tass pruuni suhkrut
- ¼ tassi piima temp
- 1 tass Suhkur
- 3 supilusikatäit Suhkur
- 2 tl vaniljeekstrakti
- 2 suured Munad -- toatemperatuuril.
- 1⅓ tassi keeva vett
- 1 tl vaniljeekstrakti
- ½ tassi pekanipähklit - hakitud
- ½ tassi kookospähklit - hakitud
KOOK

TOPPING

JUHISED:
a) Kuumuta ahi 350 kraadini. Määri 11 x 7 küpsetusvorm kergelt või või õliga. Koogi jaoks sõelu jahu, sooda, küpsetuspulber, sool ja kaneel kokku väikesesse kaussi. Asetage kaer keskmise suurusega kaussi. Vahusta või, suhkur ja vanill teises keskmise suurusega segamiskausis elektrimikseriga keskmisel kiirusel heledaks ja kohevaks, umbes 2 minutit. Peatage mikser kaks korda, et kaussi kummist spaatliga kraapida. Lisage munad ükshaaval võisegule ja segage keskmisel kiirusel pärast iga lisamist kuni segunemiseni, 10 sekundit. Iga kord kraapige kaussi. Vala keev vesi kaerahelbedele ja sega puulusikaga mitu

korda läbi. Lisage kaerahelbed munasegule ja segage keskmisel kiirusel, kuni segu on segunenud, umbes 6–7 sekundit. Voldi kuivained osaliselt käsitsi spaatliga, kasutades mitut laia tõmmet.

b) Seejärel segage keskmisel kiirusel, kuni kõik koostisosad on segunenud , umbes 10 sekundit. Kraapige kaussi. Valage tainas ettevalmistatud pannile. Küpseta kooki keskmisel ahjurestil, kuni ülaosa on kuldne ja puudutab tagasi, 25–30 minutit. Võta kook ahjust välja ja lase 15 minutit jahtuda. Vahepeal valmista kate. Pange kõik koostisosad keskmise suurusega segamisnõusse ja segage tugevalt vispliga, kuni need on segunenud. Eelsoojenda broiler. Määri kate spaatliga koogile, seejärel aseta kook küpsiseplaadile. Aseta kook keskmisele restile. Avatud ahju- või broileriuksega hautage panni mitu korda pöörates, kuni kate muutub sügavalt kuldseks, 5–6 minutit.

73. Laisk karikakra kaerahelbekook

Valmistab: 1 9-tolline kook

KOOSTISOSAD ::
- 1¼ tassi keeva vett
- 1 tass kveekeri kaera, kuumtöötlemata (kiire või vanamoodne)
- ½ tassi võid või margariini; pehme
- 1 tass granuleeritud suhkrut
- 1 tass pruuni suhkrut, kindlalt pakitud
- 1 tl vanilli
- 2 muna
- 1½ tassi sõelutud universaalset jahu
- 1 tl soodat
- ½ teelusikatäit soola
- ¾ tl kaneeli
- ¼ teelusikatäit muskaatpähkel
- ¼ tassi võid või margariini; sulanud
- ½ tassi pruuni suhkrut, kindlalt pakitud
- 3 supilusikatäit Pool ja pool või kerge koor
- ½ tassi hakitud pähkliliha
- ¾ tassi purustatud või purustatud kookospähklit

JUHISED:
KOOK
LAISY DAISY FROSTING

a) Koogi jaoks vala kaerale keev vesi; sega kokku. Katke ja laske 20 minutit seista. Vahusta või kreemjaks; lisa järk-järgult suhkrud, vahustades kohevaks. Sega hulka vanill ja munad. Lisa kaera segu; sega hästi. Sõelu omavahel jahu, sooda, sool ja maitseained. Lisa koorega segule; sega hästi.
b) Vala tainas hästi määritud ja jahuga ülepuistatud 9-tollisse kandilisse küpsetuspannile.
c) Küpseta eelkuumutatud mõõdukas ahjus (350 F.) 50–55 minutit. Ärge eemaldage kooki vormist.
d) Külmutamiseks sega kõik koostisosad kokku. Määri ühtlaselt koogile. Prae kuni härmatis muutub mulliliseks. Serveeri soojalt või külmalt.
e) KAKAOKAERAKOOK: suurendage keeva vett 1–⅓ tassi võrra ülaltoodud retseptis. Kasutage kaneeli ja muskaatpähkli asemel 3 supilusikatäit kakaod.
f) Valmista ja küpseta nagu ülalpool.

74. Kaerahelbedest kookoskook

Valmistab: 8 portsjonit

KOOSTISOSAD ::
- 1¼ tassi keeva vett
- 1 tass keetmata kaerahelbeid
- ½ tassi võid või margariini
- 1 tass Suhkur
- 1 tass pruuni suhkrut, kindlalt pakitud
- 1 tl vanilli
- 2 muna
- 1½ tassi jahu
- 1 tl Söögisoodat
- ½ teelusikatäit soola
- ¾ tl kaneeli
- ¼ teelusikatäit muskaatpähkel
- ¼ tassi sulatatud võid või margariini
- ½ tassi pruuni suhkrut, kindlalt pakitud
- 3 supilusikatäit Pool ja pool või kerge koor
- ½ tassi hakitud pähkleid
- ¾ tassi kookoshelbeid

JUHISED:
 KOOK
 TOPPING

a) Koogile: valage keev vesi kaerale, segage, katke kaanega ja laske 20 minutit seista. Vahusta või kreemjaks, lisa vähehaaval kohevaks vahustades suhkrud. Blenderda hulka vanill ja munad, lisa kaerahelbele ja sega korralikult läbi. Sõelu eraldi kaussi jahu, sooda, sool ja maitseained ning lisa koorega segule, sega korralikult läbi. Vala tainas hästi määritud ja jahuga ülepuistatud 9"x13" ahjuvormi. Küpseta 350 kraadi juures 50 kuni 55 minutit.
b) Katmiseks: Sega kõik koostisosad ühtlaselt koogile ja prae, kuni jääkiht muutub mulliliseks.

75. Kaerahelbe-vürtsikook

Valmistab: 6 portsjonit

KOOSTISOSAD ::
- 2½ tassi kuuma vett
- 3½ pulka võid
- 2 tassi Quaker Oats
- 2 tassi suhkrut
- 3½ tassi pruuni suhkrut
- 4 muna
- ½ teelusikatäit soola
- 2 tl söögisoodat
- 2 tl kaneeli
- 3 tassi Jahu
- 1½ tassi pekanipähklit
- 2 tassi kookospähklit
- ½ tassi piima
- 1 tass rosinaid

JUHISED:

a) Kuumuta ahi 350 kraadini Kombineeri: vesi, kaer ja 2 varrast võid ning lase 20 minutit seista. Lisage 2 tassi valget ja pruuni suhkrut, 4 muna ning segage sool, kaneel ja 3 tassi jahu. Sega hästi.

b) Blenderda tassis rosinaid ja vala 9 x 13 pannile ning küpseta 55 minutit. Jahuta enne glasuurile määrimist.

c) KÜLMUTAMINE: Sega 2½ liitrises kastmes pannil 1½ tassi pruuni suhkrut, 1½ pulka võid, kookospähklit, 1½ tassi pekanipähklit ja ½ tassi piima ning kuumuta, kuni see on hästi segunenud.

d) Pärast kooki külmutamist asetage see 2–5 minutiks broileri alla. kookospähkli röstimiseks.

76. Kaerahelbe-õunakook

Valmistab: 10 portsjonit

KOOSTISOSAD ::
- 2 tassi Jahu, sõelutud
- 1 tass kaerahelbed
- 2 tl Söögisoodat
- ¼ teelusikatäit soola
- 2 tl kaneeli
- 1 tl Nelk, jahvatatud
- 2 tassi pähkleid; hakitud
- ¼ tl muskaatpähkel, jahvatatud
- 2 tassi rosinaid; hakitud
- 1 tass datleid; hakitud
- ½ tassi lühendamist
- ¾ tassi suhkrut, pruun
- 2 muna; hästi pekstud
- 2 tassi õunakastet, paks

JUHISED:
a) Sega jahu, kaerahelbed, sooda, sool ja vürtsid; sega umbes pool tassi pähklite ja puuviljadega.
b) Kreemi lühendamine pehmeks ja siledaks; lisa vähehaaval suhkur, vahusta kohevaks, seejärel klopi hulka munad.
c) Lisa jahusegu vaheldumisi õunakastmega, pärast iga lisamist korralikult kloppides; klopi sisse puuvilja-pähklisegu.
d) Keera võiga määritud leivavormidesse ja küpseta mõõdukalt aeglases ahjus (325 F.) umbes 1 tund.

77. Mustika rabarberipirukas

Valmistab: 7 portsjonit

KOOSTISOSAD :: _
Pirukatäidis:
- 4 tassi hakitud, värsket rabarberit
- 2 tassi värskeid mustikaid
- 2 spl sulatatud võid
- 1-⅓ tassi valget suhkrut
- ⅔ tassi neli

CRUMBLE TOP:
- ½ tassi (1 pulk) sulatatud võid
- 1 tass jahu
- 1 tass kaera
- 1 tass pressitud pruuni suhkrut
- 1 tl kaneeli

JUHISED:
Pirukatäidis:
a) tollise sügava pirukavormi põhja pihustiga.
b) Vooderda pann pirukapõhjaga . Kui teete kruusapealset, lõigake enne täitmist kooriku servad läbi.
c) pirukatäidise lisamist määri ¼ tassi jahu ühtlaselt pirukapõhjale
d) Kombineeri kõik pirukatäidise **KOOSTISOSAD :** ja suru pirukapõhjaks.

CRUMBLE TOP:
e) Sega kõik koostisosad hästi ja murenemiseni.

KÜPSETAMINE:
f) Lisa pirukatäidisele ühtlaselt laiali ajades kruusakate. Kui kasutate pirukapõhja , asetage kogu pirukatäidis ja suruge ülemise pirukapõhja servad alumise kooriku külge, tõmmake servad kokku. Tee pealmise koore sisse pilud, et pirukas auraks. Pihustage pealmine koorik pannipritsiga ja puistake toores 5 spl suhkrut.
g) Kata fooliumiga ja küpseta 350 kraadi juures 1 tund (pöördõhuga ahju kasutamisel vähem)
h) Enne serveerimist lase pirukal täielikult jahtuda.

78. Õunapirukas

Valmistab: 7 portsjonit

KOOSTISOSAD :: _

Pirukatäidis:
- 8 Granny Smithi õuna, kooritud ja viilutatud (7 õuna, kui õunad on väga suured)
- 2 spl sulatatud võid
- ⅔ tassi jahu
- 1 tass valget suhkrut
- 1 tl kaneeli

CRUMBLE TOP:
- ½ tassi (1 pulk) sulatatud võid
- 1 tass jahu
- 1 tass kaera
- 1 tass pressitud pruuni suhkrut
- 1 tl kaneeli

JUHISED:

Pirukatäidis:
a) tollise sügava pirukavormi põhja pihustiga.
b) Vooderda pann pirukapõhjaga. Kui teete kruusapealset, lõigake enne täitmist kooriku servad läbi.
c) pirukatäidise lisamist määri ¼ tassi jahu ühtlaselt pirukapõhjale.
d) Kombineeri kõik pirukatäidise **KOOSTISOSAD :** ja suru pirukapõhjaks. Pirukas tuleb päris suur.

CRUMBLE TOP:
e) Sega kõik koostisosad hästi ja murenemiseni.

KÜPSETAMINE:
f) Lisa pirukatäidisele ühtlaselt laiali ajades kruusakate. Kui kasutate pirukapõhja, asetage kogu pirukatäidis ja suruge ülemise pirukapõhja servad alumise kooriku külge, tõmmake servad kokku.
g) Tee pealmise koore sisse pilud, et pirukas auraks. Pihustage pealmine koorik pannipritsiga ja puistake toores 5 spl suhkrut.
h) Kata fooliumiga ja küpseta 350 kraadi juures 1 tund (pöördõhuga ahju kasutamisel vähem)
  a) Enne serveerimist lase pirukal täielikult jahtuda.

79. Virsikupuru pirukas

Teeb 8 portsjonit

KOOSTISOSAD :: _
- 1 1/4 tassi universaalset jahu
- 1/4 tl soola
- 1/2 tl suhkrut
- 1/2 tassi vegan margariini, lõigatud väikesteks tükkideks
- 2 spl külma vett, vajadusel veel
- küpsed virsikud, kooritud, kivideta ja viilutatud
- 1 tl vegan margariini
- 2 spl suhkrut
- 1/2 tl jahvatatud kaneeli

Topping
- ¾ tassi vanaaegset kaera
- 1/3 tassi vegan margariini, pehmendatud
- 2 spl suhkrut
- 1 tl jahvatatud kaneeli
- 1/4 tl soola

JUHISED:

a) Valmistage koorik: segage suures kausis jahu, sool ja suhkur. Lõika margariini kondiitri segisti või kahvliga, kuni segu meenutab jämedat puru. Lisa vähehaaval vett ja blenderda, kuni tainas hakkab lihtsalt koos hoidma.

b) Tasandage tainas kettaks ja mässige kilesse. Tõsta täidise valmistamise ajaks 30 minutiks külmkappi.

c) Kuumuta ahi temperatuurini 425 ° F. Rulli tainas kergelt jahusel tööpinnal umbes 10-tollise läbimõõduga lahti. Asetage tainas 9-tollisele pirukaplaadile ning lõigake ja suruge servad kokku. Asetage virsikuviilud koorikusse. Määri margariiniga ja puista üle suhkru ja kaneeliga. Kõrvale panema.

d) Valmistage kate: keskmises kausis segage kaer, margariin, suhkur, kaneel ja sool. Sega korralikult läbi ja puista puuviljade peale.

e) Küpseta umbes 40 minutit, kuni viljad on mullitavad ja koorik kuldpruun. Eemaldage ahjust ja jahutage veidi, 15 kuni 20 minutit. Serveeri soojalt.

80. Küpsetamatu värske puuviljapirukas

Teeb 8 portsjonit

KOOSTISOSAD :: _
- 1 1/2 tassi vegan kaerahelbeküpsise puru
- 1/4 tassi vegan margariini
- 1 nael tugevat tofut, hästi nõrutatud ja pressitud (vt Tofu)
- ¾ tassi suhkrut
- 1 tl puhast vaniljeekstrakti
- 1 küps virsik, kivideta ja 1/4-tollisteks viiludeks lõigatud
- 2 küpset ploomi, kivideta ja 1/4-tollisteks viiludeks lõigatud
- 1/4 tassi virsikuhoidiseid
- 1 tl värsket sidrunimahla

JUHISED:
a) Määri 9-tolline pirukaplaat ja tõsta kõrvale. Sega köögikombainis puru ja sulatatud margariin ning töötle, kuni puru on niisutatud. Suru purusegu ettevalmistatud pirukaplaadile. Hoia vajaduseni külmkapis.
b) Sega köögikombainis tofu, suhkur ja vanill ning töötle ühtlaseks massiks. Laota tofu segu jahutatud koorikule ja pane 1 tunniks külmkappi.
c) Aseta puuviljad dekoratiivselt tofusegu peale. Kõrvale panema.
d) Segage väikeses kuumakindlas kausis hoidised ja sidrunimahl ning mikrolaineahjus kuni sulamiseni, umbes 5 sekundit. Sega ja nirista puuviljadele. Hoia pirukat enne serveerimist vähemalt 1 tund külmkapis, et täidis jahtuks ja glasuur hanguks.

81. Rabarberipirukas

Valmistab: 7 portsjonit
KOOSTISOSAD :: _
Pirukatäidis:
- 8 Granny Smithi õuna, kooritud ja viilutatud (7 õuna, kui õunad on väga suured)
- 2 spl sulatatud võid
- ⅔ tassi jahu
- 1 tass valget suhkrut
- 1 tl kaneeli

CRUMBLE TOP:
- ½ tassi (1 pulk) sulatatud võid
- 1 tass jahu
- 1 tass kaera
- 1 tass pressitud pruuni suhkrut
- 1 tl kaneeli

JUHISED:
Pirukatäidis:
a) tollise sügava pirukavormi põhja pihustiga.
b) Vooderda pann pirukapõhjaga . Kui teete kruusapealset, lõigake enne täitmist kooriku servad läbi.
c) pirukatäidise lisamist määri ¼ tassi jahu ühtlaselt pirukapõhjale .
d) Kombineeri kõik pirukatäidise **KOOSTISOSAD :** ja suru pirukapõhjaks. Pirukas tuleb päris suur.

CRUMBLE TOP:
e) Sega kõik koostisosad hästi ja murenemiseni.

KÜPSETAMINE:
f) Lisa pirukatäidisele ühtlaselt laiali ajades kruusakate. Kui kasutate pirukapõhja , asetage kogu pirukatäidis ja suruge ülemise pirukapõhja servad alumise kooriku külge, tõmmake servad kokku.
g) Tee pealmise koore sisse pilud, et pirukas auraks. Pihustage pealmine koorik pannipritsiga ja puistake toores 5 spl suhkrut.
h) Kata fooliumiga ja küpseta 350 kraadi juures 1 tund (pöördõhuga ahju kasutamisel vähem)
i) Enne serveerimist lase pirukal täielikult jahtuda.

82. Troopiline kookosepuding

Valmistab: 2 portsjonit

KOOSTISOSAD :: _
- ¾ tassi vanaaegset gluteenivaba kaera
- ½ tassi magustamata hakitud kookospähklit
- 2 tassi vett
- 1¼ tassi kookospiima
- ½ tl jahvatatud kaneeli
- 1 banaan, viilutatud

JUHISED:
a) Sega kausi abil kaer, kookospähkel ja vesi. Kata ja jahuta üleöö.
b) Tõsta segu väikesesse kastrulisse.
c) Lisa piim ja kaneel ning hauta keskmisel kuumusel umbes 12 minutit.
d) Eemaldage tulelt ja laske 5 minutit seista.
e) Jaga 2 kausi vahel ja tõsta peale banaaniviilud.

83. Kaerahelbe kaneeli jäätis

Teeb umbes 1 liitri

KOOSTISOSAD :: _
- Tühi jäätisepõhi
- 1 tass kaera
- 1 spl jahvatatud kaneeli

JUHISED:
a) Valmistage toorik alus vastavalt juhistele.
b) Sega keskmisel kuumusel väikeses pannil kaer ja kaneel. Röstige regulaarselt segades 10 minutit või kuni pruunistumiseni ja aromaatseks.
c) Tõmmamiseks lisage põhjale röstitud kaneel ja kaer, kui need pliidilt tulevad, ja laske umbes 30 minutit tõmmata. Kasutades kausi kohale seatud võrgusõela; kurna kuivained, suru läbi, et saada võimalikult palju maitsestatud koort. Natuke kaerahelbe viljaliha võib läbi tulla, aga sellest pole midagi – see on maitsev! Reserveerige kaerahelbede kuivained kaerahelbe retsepti jaoks!
d) Imendumisel kaob osa segust, nii et selle jäätise koostis on pisut väiksem kui tavaliselt.

e) Hoidke segu külmkapis üleöö. Kui olete jäätise valmistamiseks valmis, segage see uuesti sukelmikseris ühtlaseks ja kreemjaks.
f) Vala jäätisemasinasse ja külmuta vastavalt tootja juhistele. Hoida õhukindlas anumas ja külmutada üleöö.

84. Banaani kaerajahust pannkoogid

Portsjonid: 6

KOOSTISOSAD ::
- 1 küps banaan
- 1 tass gluteenivaba valtsitud kaerahelbeid
- 1 tl küpsetuspulbrit
- 1/2 tassi mandlipiima
- 1 tl vanilli
- 2 spl vahtrasiirupit
- 1/4 teelusikatäit soola
- Köögiviljapuljong, keetmiseks
- Vahtra siirup

JUHISED:
a) segistis banaan , rulli kaer, küpsetuspulber, mandlipiim, vanill, vahtrasiirup ja sool. Blenderda neid **KOOSTISOSA:** vähemalt 30 sekundit, kuni segu on täiesti ühtlane.
b) Kuumutage köögiviljapuljongipintsliga suurt mittenakkuvat panni või panni keskmisel kuumusel.
c) Küpseta, kuni taigna servad on kuldpruunid, umbes 2-3 minutit.
d) Pärast pannkoogi ümberpööramist küpseta veel 2–3 minutit. Korrake, kuni kogu tainas on tahkunud.
e) Nirista seda vahtrasiirupi või enda valitud puuviljadega.

85. Õuna-kaerahelbe vahvlid

Valmistab: 12 portsjonit

KOOSTISOSAD ::
- 1 tass tavalist kaera
- 1⅔ tassi jahu
- 2½ tl küpsetuspulbrit
- 1 tl jahvatatud kaneeli
- ½ tl soola (valikuline)
- 1 tass rasvavaba piima
- ¼ tassi vahtrasiirupit
- ¼ tassi apelsinimahla
- > või õunamahla
- 1 suur muna
- 3 suurt munavalget
- ¾ tassi hapukaid õunu – haki peeneks
- ½ tassi rosinaid
- Või või margariin
- Vahtra siirup

JUHISED:
a) Määri küpsetusplaadile kaer; röstige 350 kraadises ahjus aeg-ajalt segades kuldseks (12-15 minutit). Sega suures kausis kaer, jahu, küpsetuspulber, kaneel ja soovi korral sool. Vahusta keskmise suurusega kausis piim, siirup, mahl, muna ja munavalged segunemiseni. Sega hulka õun ja rosinad. Lisa munasegu jahusegule; sega ühtlaselt niiskeks. 2. Kuumuta vahvlirauda vastavalt tootja juhistele. Rasvraud; täitke kolmveerand taignast. Küpseta kuldseks ja krõbedaks (6-8 minutit). Tõsta taldrikule ja hoia ülejäänud vahvleid valmistades 200 kraadises ahjus soojas.
b) Pakkuda või ja siirupiga. Teeb umbes kaksteist 4-tollist ruudukujulist vahvlit.

86. Aprikoosi kaerahelbed linzeribatoonid

Valmistab: 48 portsjonit

KOOSTISOSAD ::

- 2 tassi Quaker kaera (kiire või vanamoodne); keetmata
- 2 tassi jahvatatud mandleid või pekanipähklit; jagatud
- 1 tass universaalset jahu
- ½ teelusikatäit soola; (valikuline)
- 1½ tassi; (3 pulka) võid, pehmendatud
- 1½ tassi pluss 1 spl tuhksuhkrut; jagatud
- 4 munakollast või 2 muna; kergelt pekstud
- 2 tl vanilli
- ½ tl mandli ekstrakti
- 1 purk; (18 untsi) aprikoosikonservid
- 1 tass peeneks hakitud kuivatatud aprikoose
- 2 spl apelsinimaitselist likööri; (valikuline)
- 1. Kuumuta ahi temperatuurini 350°F. Määri 13 x 9-tolline küpsetusvorm kergelt rasvaga.

JUHISED:

a) 2. Keskmises kausis segage kaer, 1-½ tassi jahvatatud mandleid, jahu ja soola; sega hästi. Kõrvale panema. Vahusta suures kausis või ja 1–½ tassi tuhksuhkrut kreemjaks. Lisa munakollased, vanilje ja mandli ekstrakt; peksid hästi.

b) Segage kaera segu; sega hästi. Varu 1-⅓ tassi; pane väikesesse kaussi ja tõsta kõrvale. Määri ülejäänud kaera segu ettevalmistatud pannile.

c) 3. Küpseta 13–15 minutit või kuni helekuldpruunini. Jahuta 10 minutit restil.

d) 4. Sega väikeses kausis konservid, aprikoosid ja liköör; sega hästi. Määri ühtlaselt osaliselt küpsenud koorikule. Lisa ülejäänud ½ tassi jahvatatud mandleid reserveeritud kaera segule; sega hästi. Tilgutage ¼ teelusikatäit ühtlaselt aprikoosisegule.

e) 5. Küpseta 30–35 minutit või kuni helekuldpruunini. Jahuta pannil restil täielikult maha. Puista ühtlaselt üle ülejäänud 1 spl tuhksuhkrut.

f) Lõika ribadeks. Hoida tihedalt kaetult.

87. Musta pähkli kaerahelbepirukas

Valmistab: 1 portsjonit

KOOSTISOSAD ::
- 3 muna, kergelt lahtiklopitud
- 1 tass pruuni suhkrut, pakitud
- ½ tassi tumedat maisisiirupit
- ½ tassi aurutatud piima
- ½ tassi Kiiresti küpsevat valtsitud kaera
- ½ tassi jämedalt hakitud musti kreeka pähkleid
- ¼ tassi (4 spl) võid, sulatatud
- 1 tl vanilli
- soola
- Küpsetamata küpsetis ühekoorilise piruka jaoks

Siin on veel üks amiši retsept kõigile masohhistidele, kes naudivad mustade kreeka pähklite koorimist.

JUHISED:
a) Sega suures segamiskausis munad, suhkur, siirup, piim, kaer, pähklid, või, vanill ja ⅛ teelusikatäis soola, sega korralikult läbi.
b) Joondage 9-tolline pirukaplaat kondiitritoodete, kaunistuste ja flöödiservaga. Aseta plaat ahjurestile ja vala sisse täidis. Ülepruunimise vältimiseks kaitske piruka serv fooliumiga. Küpseta 350 F juures 25 minutit. Eemalda foolium.
c) Küpseta veel umbes 25 minutit või kuni ülaosa on sügavkuldpruun ja kergelt pundunud. Täidis on veidi pehme, kuid jahtudes tahkub.
d) Jahuta täielikult.

88. Butterscotch kaerahelbeküpsised

Valmistab: 44 küpsist

KOOSTISOSAD ::

- ¾ tassi lühendamine
- 2 teelusikatäit Suhkur
- 1 muna
- 1 tl vanilli
- 1 pakk Butterscotchi pudingi segu (4 portsjonit)
- 1½ tassi kaera
- 1 tass jahu
- ½ teelusikatäit soola
- ½ tl Küpsetuspulbrit
- 1½ tl hambakivi

JUHISED:

a) Kuumuta ahi 350 kraadini F. Määri küpsiseplaadid. Kreemipulber, suhkur, muna ja vanill. Sega omavahel kuivpudingisegu, kaer, jahu, sool, sooda ja viinakoor. Sega dr **KOOSTISOSAD:** kooresegusse. Veereta segust umbes 1½ läbimõõduga pallid.
b) Asetage küpsiseplaadile ja tasandage veidi.
c) Küpseta umbes 10 minutit.

89. Elegantne kaerahelbekreem

Valmistab: 6 portsjonit

KOOSTISOSAD ::
- 8 munakollast
- 1 tass Suhkur
- ½ tl kaneeli
- 1 liitrit piima; kõrvetatud
- 1 tl vanilli
- 1 liitrit kaerahelbed; keedetud ja jahutatud
- 2 tassi marju (kaunistuseks)

JUHISED:

a) Vahusta munakollased, suhkur ja kaneel. Sega juurde piim ja vanill. Voldi sisse kaerahelbed. Vala 16 untsi segu 2 tassi võiga määritud ramekiinidesse ja küpseta 350-kraadises veevannis 55–60 minutit. Serveeri kuumalt või jahtunult, lisa marju.

90. Oo jahu krõpsud

Valmistab: 60 portsjonit

KOOSTISOSAD ::
- 1½ tassi universaalset jahu
- 1 tl Sool
- 1 tl Söögisoodat
- 1 tass köögiviljade lüpset; tahke
- 1 tass helepruuni suhkrut; pakitud
- ½ tassi granuleeritud suhkrut
- 1 tl vaniljeekstrakti
- 2 muna
- 2 tassi valtsitud kaera; vanamoodne
- 2 tassi rosinaid; valikuline

JUHISED:

a) Sega jahu, sool ja söögisooda. Kuumuta ahi 350 kraadini F. Vahusta lüpsmine, suhkrud ja vanill suures kausis kreemjaks. Klopi munad heledaks ja kohevaks vahuks. Sega vähehaaval sisse jahusegu ja rulli keeratud kaer. Kui kasutad, sega hulka rosinad. Tõsta hästi ümarad teelusikatäied võiga määritud küpsetuspaberitele. Küpseta 8 kuni 10 minutit või kuni kuldpruunini. Jahuta küpsiseid restidel lehtedel 2 minutit, seejärel tõsta küpsised restidele jahtuma.

91. Mee kaerahelbe näts

Valmistab: 72 küpsist

KOOSTISOSAD ::
- 1¼ tassi võimaitselist Criscot
- 1 tass suhkrut, granuleeritud
- ¼ tassi mett
- 1 muna
- ¼ tassi piima
- 1 tl vanilli
- 2½ tassi jahu, universaalne
- 1 tl söögisoodat
- ½ teelusikatäit soola
- 1 tass kaer, kiirkeetmine, MITTE kiirvalmistamine ega vanamoodne
- 1 tass kookospähkel, helbed
- 1 tass rosinaid
- ½ tassi pähkli tükid
- ½ tassi nisuidud (valikuline)

JUHISED:
Aeg: 25 minutit Küpsetusaeg: 11 kuni 14 minutit
a) Kuumuta ahi temperatuurini 350 F.
b) Cream Butter Flavor Crisco, granuleeritud suhkur, pruun suhkur, mesi, muna, piim ja vanill suures kausis keskmise kiirusega elektrimikseris, kuni need on hästi segunenud.
c) Sega jahu, sooda ja sool. Sega kreemisegu hulka.
d) Sega hulka kaer, kookospähkel, rosinad, kreeka pähklid ja nisuidud. Tõsta ümarad teelusikatäied tainast määrimata küpsetusplaadile.
e) Küpseta 350 kraadi juures 11–12 minutit pehmete küpsiste jaoks, 13–14 minutit krõbedate küpsiste jaoks. Eemaldage jahutusrestile.

92. Jumbo puuviljadega kaerahelbeküpsised

Valmistab: 18 portsjonit

KOOSTISOSAD ::
- ¾ tassi võid; pehmendatud
- 3 muna
- ¾ tassi Mahl, õun, konts.
- 1½ tl vanilli
- 1½ tassi jahu
- 1½ tassi kaera
- ½ tl Söögisoodat
- ½ teelusikatäit soola
- ½ tl kaneeli, jahvatatud
- ½ tl pipart, jahvatatud
- 6 untsi Puuviljad, kuivatatud segatud
- ½ tassi pähkleid, hakitud
- Haki puuviljad.

JUHISED:

a) Kuumuta ahi 350 kraadini. Vahusta või suures kausis kreemjaks. Sega hulka munad, õunamahla kontsentraat ja vanill. Lisa jahu, kaer, sooda, sool, kaneel ja vürtspipar; sega hästi. Sega juurde kuivatatud puuviljad ja pähklid. Tõsta vähesed ¼ tassitäit tainast 3 tolli vahedega kergelt määritud küpsiselehtedele; tasandage veidi. Küpsetage 12–14 minutit, kuni servad on kergelt pruunistunud .

b) Jahuta 1 minut küpsiselehtedel, seejärel tõsta restidele täielikult jahtuma. Hoida tihedalt kaetud anumas.

93. Küpsetamiseta kaerahelbebatoon

Valmistab: 1 portsjonit

KOOSTISOSAD ::
- ½ tassi võid
- ½ tassi pruuni suhkrut
- ½ tassi apelsinimahla
- 3 supilusikatäit nisuidud
- 2 tassi valtsitud kaera
- 1 tass kookoshelbeid
- ½ tassi hakitud pähkleid
- ¼ tassi seesamiseemneid

JUHISED:

a) Sulata või keskmise suurusega kastmepotis . Lisa pruun suhkur ja apelsinimahl ning sega, kuni suhkur on lahustunud . Tõsta tulelt ja lisa nisuidud, kaer, kookospähkel, pähklid ja seesamiseemned ning sega korralikult läbi. Laota segu 9-tollisse ruudukujulisse klaasist ahjuvormi ja pane külmkappi tahenema. Lõika ruutudeks ja söö!

94. Kaerahelbedest pirukas

Valmistamine: 1 portsjon

KOOSTISOSAD ::
- 2 tassi pruuni suhkrut
- ¾ tassi lühendamine
- 2 muna
- ½ teelusikatäit soola
- 1 tl kaneeli
- 1 tl Küpsetuspulber
- 1 tl Söögisoodat
- 3 supilusikatäit keeva veega
- 2½ tassi jahu
- 2 tassi kaerahelbeid
- 2 munavalget, lahtiklopitud
- 2 tl vanilli
- 4 spl Jahu
- 2 supilusikatäit 10X suhkrut
- 4 spl Piima
- 1½ tassi Crisco tahket lühemat
- 4 tassi 10X suhkrut

JUHISED:

a) Koor pruun suhkur ja lühendamine. Lisa munad ja klopi. Lisa sool, kaneel ja küpsetuspulber. Lahusta söögisooda keevas vees ja lisa segule. Lisa jahu ja kaerahelbed. Tõsta lusikaga määritud küpsiseplaadile ja küpseta 8–10 minutit 350 kraadi juures. Jahuta täielikult.

b) Täida, kasutades allolevat täidist. Tee võileivaküpsised. Vahusta munavalged, lisa vanill, 4 spl jahu, 2 sl 10X suhkrut ja piim.

c) Lisa lühendamine ja klopi hästi läbi. Lisa 4 tassi 10X suhkrut ja klopi uuesti läbi.

d) Tee võileibu.

95. Kaerahelbed havai leib

Valmistamine: 1 portsjon

KOOSTISOSAD ::
4 muna
1½ tassi suhkrut
2½ tassi jahu
2½ tassi (20 untsi) purustatud ananassi,
Kuivendatud
3 tassi (10 untsi) kookospähklit
2 tl soodat
1½ tassi kaera
2 teelusikatäit soola

Sega munad, suhkur ja klopi heledaks. Sõelu jahu, sool ja sooda; lisa munasegule ja klopi ühtlaseks. Lisa ülejäänud koostisosad ja sega korralikult läbi. Tõsta lusikaga määritud ja jahuga ülepuistatud 9x5 leivavormi. Küpseta 325 kraadi juures 1 tund. Eemaldage kohe pannidelt.

96. Kaerahelbed ja hapukirsi soodaleib

Valmistab: 1 päts

KOOSTISOSAD ::
2 tassi täisterajahu
1½ tassi sõelumata universaalset jahu
½ tassi pluss 1 T kiirkaera
1 tl Sool
1 tl Küpsetuspulber
1 tl Söögisoodat
¼ tassi kuivatatud hapukirsse või tumedaid seemneteta rosinaid
1 supilusikatäis köömneid (valikuline)
1 8 -oz mahuti tavaline madala rasvasisaldusega jogurt
¼ tassi pluss 1 T lõssi
2 supilusikatäit mett

JUHISED:
a) Kuumuta ahi temperatuurini 375'F. Määri suur küpsetusplaat. Segage suures kausis kahvliga täistera- ja universaaljahu, ½ C kaerahelbed, sool, küpsetuspulber, sooda, kirsid ja soovi korral köömneseemned.
b) Segage 2-tassises klaasist mõõtetopsis või väikeses kausis jogurt, ¼ C kooritud piim ja mesi, kuni need on hästi segunenud. Lisa jogurtisegu kuivainetele ja sega kergelt kahvliga, kuni segu haakub ja moodustab pehme taigna; ära sega üle.
c) Tõsta tainas kergelt jahuga ülepuistatud pinnale. Sõtku õrnalt 8–10 korda või umbes 30 sekundit.
d) Vormige tainast 8-tolline ümmargune päts ja asetage see määritud küpsetusplaadile. Pintselda pätsi järelejäänud T-lõssipiimaga ja puista peale ülejäänud supilusikatäis kaerahelbeid. Lõika päts noaga neljandikku.
e) Küpseta leiba 35–40 minutit või kuni see on pruunistunud ja päts kõlab pealt koputades õõnsalt. Enne viilutamist jahuta täielikult restil.

97. Kaerahelbe-või kreekerid

Valmistab: 60 portsjonit

KOOSTISOSAD ::
- 1½ tassi universaalset jahu
- 1½ tassi valtsitud kaerahelbed (kaerahelbed)
- ½ teelusikatäit soola
- 1 spl Suhkur
- 6 supilusikatäit (3/4 pulgaga) võid, sulatatud ja jahutatud
- ½ tassi piima

JUHISED:
a) Kuumuta ahi temperatuurini 325° F. "Need krõmpsuvad ja pähklised kreekerid on toitev suupiste. Tõstke pärast rasket tööpäeva jalad püsti ja nautige klaasi värske limonaadiga.
b) Küpseta 325 ~ F 20 kuni 25 minutit
c) Sega suures kausis või köögikombainis omavahel jahu, kaer, sool ja suhkur. Lõika võisse, kuni segu meenutab jämedat jahu. Blenderda juurde nii palju piima, et moodustuks tainas, mis püsib koos ühtse pallina.
d) Rullimiseks jagage tainas 2 võrdseks osaks. Rulli jahusel pinnal või kondiitrirätikul võimalikult õhukeseks, umbes 1/16 tolli paksuseks. Tõsta rullitud tainas spaatli, taignarulli või käte abil õrnalt suurele küpsetusplaadile.
e) Lõika tainas terava noaga 2-tollisteks ruutudeks, ilma tainast lõpuni läbi lõikamata. Torgake iga ruutu 2 või 3 korda kahvli piidega.
f) Küpseta 20–25 minutit, keerates 15 minuti pärast ümber, kuni see on krõbe. Jahuta restil. Jahtunult purustage kreekeriteks.

98. Kaerahelbedest burgeri kuklid

Valmistab: 16 portsjonit

KOOSTISOSAD ::
- 1 pakk Aktiivne kuivpärm
- ¼ tassi sooja vett
- ¼ tassi melassi
- 4 spl piimavaba margariini
- 2 teelusikatäit soola
- ¼ tassi pruuni suhkrut
- 2 tassi kaerahelbeid (keetmata)
- 1 tass keeva vett
- 1 tass jaheda veega
- 2 tassi täistera nisujahu
- 2½ tassi pleegitamata valget jahu

JUHISED:
a) Mõõtke ¼ tassi sooja vett ja segage pärm ja 1 supilusikatäis melassi vees. Lase seista kuni mullitamiseni.
b) Samal ajal sega suures kausis margariin, ülejäänud melass, sool, pruun suhkur, kaerahelbed ja keev vesi, sega kuni margariin sulab.
c) Lisa ülaltoodud segule jahe vesi ja pärm. Vahusta sisse 4 tassi jahu, 1 tass korraga.
d) Tõsta tainas jahusel lauale ja sõtku ühtlaseks, umbes 5 minutit, lisades vajadusel veel jahu, et vältida kleepumist.
e) Pöörake tainas õliga määritud kausis ümber; kata ja lase soojas kohas kahekordseks kerkida (umbes 1 tund).
f) Torgake tainas maha ja jagage 16 võrdseks tükiks . Vormi iga tükk siledaks palliks. Asetage pallid rasvaga määritud küpsetusplaatidele umbes 2 tolli kaugusel üksteisest ja lamedake veidi. Kata ja lase soojas kohas kahekordseks kerkida (30 või 40 minutit.) Küpseta eelkuumutatud 350 kraadises ahjus kergelt pruunikaks, umbes 20 minutit.

99. Kaerahelbedest kaneelisaiad

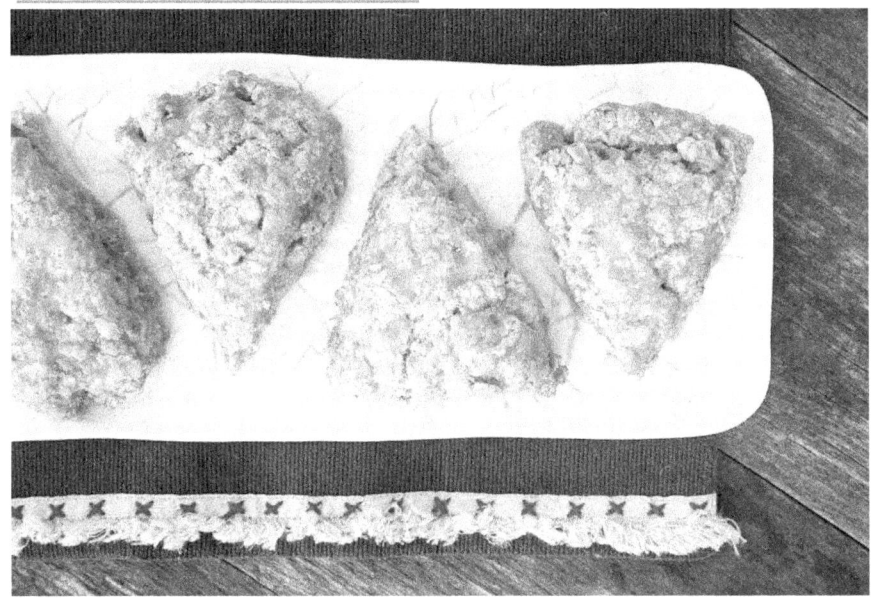

Valmistab: 6 portsjonit
KOOSTISOSAD ::
- ¼ tassi kaerahelbed
- 1 tl Sool
- 1¾ tassi jahu
- 6 supilusikatäit võid, lõigatud 1/2-tollisteks kuubikuteks
- ¼ tassi suhkrut
- 1 tl kaneeli
- ½ tassi petipiima VÕI:
- ½ tassi koort VÕI:
- ½ tassi piima
- ¼ tassi pruuni suhkrut, pakitud
- 1 suur muna, pekstud
- 1½ tl küpsetuspulbrit (dbl toimiv)
- 2 tl vaniljeekstrakti
- 1 tl Söögisoodat
- ⅛ teelusikatäis riivitud apelsinikoort

JUHISED:
a) Asetage rest ahju keskele ja soojendage 375 kraadini.
b) Sõelu suurde kaussi jahu, suhkrud, küpsetuspulber, sooda ja sool. Lisa kaerahelbed ja sega läbi . Jaota võikuubikud jahusegu peale. Hõõru näpuotsaga võikotid kiiresti jahusegusse, kuni segu meenutab jämedat jahu.
c) Sega keskmises kausis kokku petipiim, muna, vanill ja koor.
d) Lisa vedel segu jahusegule. Segage suure kummilabidaga võimalikult väheste liigutustega õrnalt, kuni tainas on niisutatud ja hakkab kokku klammerduma. Käsitsedes tainast nii vähe kui võimalik, segage, kuni kõik koostisosad on täielikult segunenud .
e) Kasutades ⅓-c. mõõtetopsiga, kukuta tainas määrimata ahjuplaadile, jättes skoonide vahele vähemalt 1-tolline vahe. Küpseta 16–18 minutit, kuni skoonid on kuldpruunid. Jahuta skoone restile seatud ahjuplaadil 5 minutit. Tõsta skoonid vaimse spaatliga restile ja jahuta täielikult.
f) Serveeri soojalt või säilita täielikult jahtunud skoone õhukindlas anumas toatemperatuuril.

100. Kaerahelbe pähklikrõpsud

Valmistab: 7 tosinat

KOOSTISOSAD ::
- 1 tass Lühendamist
- 1 tass Suhkur
- 1 tass suhkur, pruun; kindlalt pakitud
- 2 muna; kergelt pekstud
- 1 tl sidruniekstrakti
- 1½ tassi jahu, universaalne
- 1 tl Seedi
- ½ teelusikatäit soola
- 2 tl kaneeli, jahvatatud
- 3 tassi kaer, kiirküpsetus; keetmata
- ½ tassi pekanipähklit; hakitud

JUHISED:
a) Kreemi lühendamine; lisa vähehaaval suhkur, kloppides heledaks ja kohevaks. Lisa ükshaaval munad, pärast iga lisamist korralikult vahustades.
b) Lisa sidruniekstrakt, klopi korralikult läbi.
c) Kombineeri jahu, sooda, sool ja kaneel; lisage hästi vahustades koorega segule. Sega juurde kaer ja pekanipähklid.
d) Vormi taignast 2 pikka, 2 tolli läbimõõduga rulli; mähkige igaüks vahatatud paberisse ja jahutage 2–3 tundi või kuni see on kindel.
e) Keerake rullid lahti ja lõigake ¼" viiludeks; asetage kergelt määritud küpsiselehtedele 2–3 tolli vahedega. Küpsetage 350 kraadi juures 10–12 minutit.

KOKKUVÕTE

Loodame, et teile on meeldinud koos meiega koos kaerahelbeid toiduvalmistamisel kasutada. Hommikusöögist õhtusöögini, magusast soolaseni – oleme pakkunud teile proovimiseks 100 maitsvat ja toitvat retsepti.

Kaerahelbed pole mitte ainult maitsvad, vaid ka täis toitaineid, muutes selle suurepäraseks lisandiks igale toidukorrale. Soovitame teil katsetada erinevaid maitsekombinatsioone ja tehnikaid, et muuta need retseptid omapäraseks.

Täname, et liitusite meiega sellel teekonnal. Loodame, et HOMMIKUSÖÖGI KAERAKAUSSI RETSEDIRAAMAT on inspireerinud teid olema köögis loominguline ja lisama oma dieeti rohkem täisteratooteid. Nautige!

www.ingramcontent.com/pod-product-compliance
Lightning Source LLC
Chambersburg PA
CBHW071908110526
44591CB00011B/1592